雅学堂丛书
刘进宝 主编

当代中国学术走向观察

Dangdai
Zhongguo Xueshu
Zouxiang Guancha

王学典 著

读者出版传媒股份有限公司
甘肃文化出版社

图书在版编目（CIP）数据

当代中国学术走向观察 / 王学典著. -- 兰州：甘肃文化出版社，2023.7
（雅学堂丛书 / 刘进宝主编）
ISBN 978-7-5490-2737-8

Ⅰ.①当… Ⅱ.①王… Ⅲ.①史学－中国－文集 Ⅳ.①K207-53

中国国家版本馆CIP数据核字(2023)第103102号

当代中国学术走向观察
DANGDAI ZHONGGUO XUESHU ZOUXIANG GUANCHA
王学典丨著

策　　　划	郧军涛　周乾隆　贾　莉
项目负责	鲁小娜
责任编辑	甄惠娟　杜艳梅
装帧设计	石　璞
出版发行	甘肃文化出版社
网　　　址	http://www.gswenhua.cn
投稿邮箱	gswenhuapress@163.com
地　　　址	兰州市城关区曹家巷1号丨730030(邮编)
营销中心	贾　莉　王　俊
电　　　话	0931-2131306
印　　　刷	广西昭泰子隆彩印有限责任公司
开　　　本	880毫米×1250毫米　1/32
字　　　数	210千
印　　　张	9.75
版　　　次	2023年7月第1版
印　　　次	2023年7月第1次
书　　　号	ISBN 978-7-5490-2737-8
定　　　价	68.00元

版权所有　违者必究（举报电话：0931-2131306）
（图书如出现印装质量问题，请与我们联系）

这一代学人的使命与担当（代序）

一

"这一代学人"是指以新三级学人（77、78、79级大学生和78、79级研究生）为代表的跨越时代和年龄的学人群。他们的年龄可能相差比较大，有的出生于20世纪40年代中后期，有的出生于60年代初，中间相差十几年——如果从年龄看，可说是两代人。从社会阅历看，有的插过队，有的当过兵，有的是工人，有的是农民，还有的是刚刚毕业或在校的中学生，可以说是40后、50后和60后在一起上课、讨论。正因为差别很大，他们对社会的感受和认识不一致，对未来的期待也有异，各种不同的思想碰撞交流，有时在某些问题上争论很激烈。那时还有许多自办的刊物，虽然是学生们自掏腰包，印制也比较粗糙，但包含许多真知灼见。"这一代学人"就是在这样的时代环境下成长起来的。

这代学人学术养成期的社会氛围，诚如中华书局原总编辑傅璇琮先生所说："'文革'结束后最初几年，我们这些学者都有一种兴奋的心情，觉得一场噩梦已成过去，我们已经失去得太多，我们要用自己的努力追回失去的一切。而我们又相信，只要靠勤奋，我们肯定会重新获得。"由此可知，虽然他们的年龄和社会阅历不同，但从他们成长的环境来看，又属于同一代学人。

"雅学堂丛书"的10位作者，年龄最大的方志远、王子今教授，是1950年出生，已经73岁了；孙继民、王学典教授出生于1955、1956年，也都超过了65周岁；中间年龄的荣新江、卜宪群、李红岩，都出生于60年代初；年龄最小的鲁西奇、林文勋教授，出生于1965、1966年，将近60岁。年龄最大和最小的相差十五六岁，但大都是"文革"后恢复高考的本科生和研究生，是"科学的春天"到来后，步入学术殿堂的新一代学人。

这些学人，都学有所成，甚至是某一方面的杰出代表。按照常人的眼光来看，他们已功成名就，根本不需要再追求名誉和地位，应该颐养天年，享受生活了。但为何还非常用功？还在夜以继日地不断探索，不断产出新成果，辛勤耕耘在学术前沿？有次和朋友们聊到学界和学人时，说到王子今、荣新江等人，我表达了这种看法，当时有人就问我，他们为什么还如此用功呢？这是什么原因？我突然冒出了一个词——"使命"，即他们不是为了名和利，而是有一种使命意识。

这一代学人将学术视为生命，甚至可以说就是为学术而生的。当他们把学问当成毕生奋斗的事业时，就会时时意气风发、孜孜以求，不再考虑是否退休，更不会为了金钱、名誉和地位，而是为了做这一代学人应该做的事。

时代在他们身上打下了深深的烙印。这一代学人的学术养成期是在20世纪70年代末80年代初,那是一个充满希望的时代,当时的青年学子都怀有远大的志向,将个人的追求与国家的需要紧密结合。在强烈的爱国主义感召下,他们不仅要将失去的时间夺回来,还要将个人的命运与国家的前途紧密结合在一起,要"团结起来,振兴中华",就要"从自己做起,从小事做起,从现在做起",力争为国家的发展贡献自己一份微薄之力。正如荣新江在追念邓广铭先生时说:"北大往年的辉煌,并不能映照今日的校园;邓先生等一代鸿儒带走的不仅仅是他们个人的学问,而是北大在学林的许多'第一'……追念往哲,痛定思痛,微薄小子,岂可闲哉!"

二

"雅学堂丛书"的作者,都是很有成就的专家,他们的学术论著,我基本上都阅读过一些,有的读了还不止一遍。他们在从事高深学问研究的同时,还撰写了一些面向大众的学术短文、书序、书评和纪念文章等。数学家华罗庚在西南联大授课时,曾说过这样的话:高水平的教师总能把复杂的东西讲简单,把难的东西讲容易。反之,如果把简单的东西讲复杂了,把容易的东西讲难了,那就是低水平的表现。从"雅学堂丛书"的内容可知,这些文章没有太多的史料引文,语言通俗易懂,适合大众阅读。即这些作者是真正把所关注或研究的问题搞懂弄通了,并咀嚼消化为自己知识的一部分,从而才能化难为易化繁为简,用浅显易懂的语言将高深的理论和丰富的内容表达出来。

各位作者拟定的书名，本身就是学术史的一部分，也可感受到这些学者的意志、视野和思想。王学典先生的书名是本套丛书中最为宏大的——《当代中国学术走向观察》，因为王老师的学术兴趣是"追踪当代学术的演变，探索其间的起伏之迹，解释每次变动由以发生的原因或背景"。从1988年的《新时期十年的历史学评估》开始，几乎每隔十年，有时更短，他"都要总结归纳一番，回顾展望一番。起初是个人兴趣使然，后来则是几家报刊在特定时间节点的约稿"。方志远先生的书名是《坐井观天》。他说："这个集子之所以取名为《坐井观天》，是因为迄今为止，除了一年半载的短期外出求学及讲学，我的一生都是在江西度过的……从这个角度说，我的一生都是在江西这口'井'中。但是，虽说是'坐井'，却时时想着要'观天'。""我想，这些无目的、非功利的阅读，某种意义上奠定了我后来'观天'的基础。""这个集子收录的30篇文章，几乎都想'坐井观天'。"荣新江先生的是《三升斋三笔》，荣老师在读大学时，听到老师讲《汉书·食货志》，其中有"治田勤谨，则亩益三升；不勤，损亦如之"，认为用以比拟治学，也十分合适，便根据古代文人学士起斋名的习惯，将自己的斋号取名为"三升斋"。此前，他已将自己学术论文之外的学术短文、会议发言和书评等汇集为《三升斋随笔》（"凤凰枝文丛"，凤凰出版社，2020年）、《三升斋续笔》（"问学丛书"，浙江古籍出版社，2021年）。荣先生的这两本随笔集出版后，"颇受读者欢迎"，"今择取三四年来所写综述、感言、书评等杂文，以及若干讲演稿，辑为《三笔》"。收入本书的文章，"代表了我近年来对相关学科发展的看法，也有一些自己研究成果的表述和经验之谈，还有一些学术史或学林掌故的记录"。这样的学术随笔，既有可读性，又有学术性，肯定能受到读者的喜欢。

有些书名则是作者生活轨迹的反映，如孙继民先生的是《邯郸学步辑存》。"《庄子·秋水》的'邯郸学步'是知名度和使用率极高的成语典故，其中有云寿陵余子'学行于邯郸，未得国能而失其故行'。笔者生在邯郸长在邯郸，1955年出生，1963年上小学，1971年初中毕业，入职邯郸肥皂厂务工，因为比一般工友多读了几本书，曾有师傅戏称'孙教授'。"1977年恢复高考后才离开邯郸。他的人生起点是从邯郸开始的，而又有著名的成语"邯郸学步"，就将书名定为《邯郸学步辑存》。林文勋先生的书名是《东陆琐谈》，这是因为"云南大学最早名东陆大学，这些文章是我在云大读书求学的点滴记录，故名《东陆琐谈》"。笔者的书名是《从陇上到吴越》，这是因为笔者出生并长期生活在甘肃，1983年大学毕业后即留校工作。甘肃简称"陇"，由于受雄厚的陇文化熏陶，在甘肃（陇上）学习、工作期间，选择以敦煌学、隋唐史和西北史地为研究和教学的重点。在兰州学习、工作了23年后，于2002年调入南京师范大学，2013年又从南京师大调入浙江大学。江苏、浙江原为吴、越之地，文化底蕴非常深厚，从宋代以来，经济发展也一直走在前列。从西北到了东南，从陇上到了吴越，虽然自然环境和文化截然不同，但仍然坚守当年的选择，即教学、研究的重点还是敦煌学、隋唐史、丝绸之路与西北史地。

有的则是自己感情的真实流露,如王子今先生的书名是《天马来:早期丝路交通》,为什么是"天马来"?我去年11月向子今先生约稿时,他正在成都,其间恰好生病,"相继在成都经历了两次心血管手术",回到北京休养期间整理的书稿,2022年12月9日交稿。去年恰是子今先生的本命年,所以他才写道:"今晚交稿。希望'天马来'这一体现积极意义的象征,也可以给执笔的已届衰年的老人提供某种激励。"卜宪群先生为何将书名定为《悦己集》?他认为,自己"所撰写的文章,无论水平高低,都是内心世界的真实表达,集子取名'悦己',就是认为几十年所从事的史学工作,是自己最热爱最喜欢的一项工作,是取悦于己的工作,没有后悔,至今依然"。

虽然这些作者成果丰硕,成就突出,但又非常谦虚,如李红岩先生解释自己的书名《史学的光与影》时说,"收在这里的文章,大部分是我年轻时撰写的。浮光掠影,波影光阴,不堪拂拭,但大体以史学为核心",故定为《史学的光与影》。鲁西奇先生将书名定为《拾草》,更是让我们看到了一位学人的坦诚和谦虚:"我出生在苏北农村。20世纪六七十年代,农村里缺少柴薪。冬天天冷,烧饭烤火都需要柴草。孩子们下午放学后,就会带着搂草的耙和筐,到田旁路边和荒地上去捡拾枯草或树叶,叫作'拾草'。虽然河岸渠道上也有一些灌木,但那是'公家'的,不可以砍。《诗·小雅·车舝》云:'陟彼高冈,析其柞薪。析其柞薪,其叶湑兮。'我既无高冈可陟,亦无柞木可析作薪,连枯叶都不多,更无以蔽山冈。只有一些散乱的杂草。那就收拾一下吧。烧了，也许可以给自己取一会儿暖。故题为《拾草》。"

地处西北的甘肃文化出版社，近年来在西夏学、丝绸之路、简牍和西北地方文献等方面的学术著作出版中成绩卓著，多次获得国家出版基金资助，取得了社会效益和经济效益的双丰收。在此基础上，他们又计划出版面向大众的高品位、高质量普及著作。郧军涛社长多次与我联系，希望组织一套著名学者的学术随笔，我被军涛社长的执着而感动，于是商量编辑一套"雅学堂丛书"，并从2022年11月19日开始陆续向各位先生约稿。虽然中间遇上新冠感染潮，我本人也因感染病毒而一个月未能工作，但各位专家还是非常认真并及时地编妥了书稿。

在此，我非常感谢方志远、王子今、孙继民、王学典、荣新江、卜宪群、李红岩、鲁西奇、林文勋等诸位先生的信任，同意将他们的大作纳入"雅学堂丛书"；感谢甘肃文化出版社郧军涛社长的信任与支持，感谢甘肃文化出版社副社长周乾隆和编辑部主任鲁小娜领导的编辑团队认真、负责、高效的工作。希望读者朋友能够喜欢这套书。

刘进宝

2023年5月11日

目 录

一

学术上的巨大转型：人文社会科学40年回顾 ……………003
中国向何处去：人文社会科学的近期走向 ……………023
把中国"中国化"
　　——人文社会科学的转型之路 ……………055
迎接第三次学术大转型 ……………074

二

从反思"文革"史学走向反思改革史学
　　——对若干史学关系再平衡的思考 ……………095
放逐"现实"回避"问题"：20世纪90年代学风的
　　致命伤 ……………110
当代史研究的开展刻不容缓 ……………119
发掘乡村：21世纪初叶中国历史知识的增长点 ……………131

中国历史学的再出发
　　——改革开放40年历史学的回顾与展望 ············· *139*

三

中国现代学术史上的顾颉刚
　　——写在《顾颉刚全集》出版之际 ············· *153*
又为学界哭英灵
　　——痛悼赵俪生先生 ············· *164*
庞朴：出入于朴学、史学与哲学之间 ············· *173*

四

历史研究为什么需要"理论"？
　　——与青年学生谈治学之一 ············· *183*
历史研究为什么需要"问题意识"
　　——与青年学生谈治学之二 ············· *211*
人格境界、术业专攻、写作能力与成才
　　——与青年学生谈治学之三 ············· *237*
走一条宽广的人文学术人才培养之路 ············· *258*

五

何谓"新文科"？ ············· *269*
学术界苦"SCI崇拜"久矣 ············· *280*

六

大学应是世俗社会里的精神圣地 ……………………287
坚持"学术本位":大学精神的本质 ……………………291

后记 ………………………………………………299

学术上的巨大转型：人文社会科学40年回顾

在人类历史上的任何地区和时段，像1978年后这样在40年内的和平时期，竟发生如此剧烈又如此深刻的结构性变迁，恐难找到第二例。这是伟大的40年！这个"伟大的40年"将会永远彪炳在人类文明史演进的长河中。

毫无疑问，这个"伟大的40年"的起点是"十一届三中全会"，而"十一届三中全会"的逻辑起点则是作为"解放思想"标志的"真理标准问题讨论"。没有"真理标准问题讨论"，根本不会有此后的一系列巨变。这里强调此点是想说明，人文社会科学是这40年不可或缺的参与者，自己也在这40年间得到了重建和新生。改革开放以来的学术变迁，无论从规模还是深刻性上，抑或是从典范性上来说，都堪称中国学术的第二次巨大转型。

一、人文社会科学的整体转型

1949年以来，中国的人文社会科学已经经历了两次大的范式变迁，一是从1949年开始，我们经历了从民国学术到共和国学术的巨大转型，二是从1978年开始，我们又经历了从"以阶级论为纲"的人文社会科学到"以现代化为纲"的人文社会科学的巨大转型，而眼下我们正在经历人文社会科学的第三次巨大转型，也就是"以现代化（西方化）为纲"的人文社会科学正在向"以中国化为纲"的人文社会科学的转变。本文则侧重于从若干位点出发，去观察、探讨人文社会科学的第二次转型。这次转型既不同于第一次转型，也不同于正在展开的第三次转型，这次转型严格说来是在"一穷二白"的学科基础上展开的。所以，格外值得珍视。

放弃"以阶级斗争为纲"、确立"以经济建设为中心"的治国理政的基本原则，是40年中国社会巨变的基础和起点，这一基本原则直接决定了中国社会的方方面面，人文社会科学可以说首当其冲。

以往的人文社会科学直接从属于"以阶级斗争为纲"的思想，并一度成为这一思想得心应手的法宝。人文社会科学在这一期间整体上处于被"改造"的境地，既被作为揭示和强调"原始社会结束以来的人类文明史都是阶级斗争史"的工具，又被作为现实中正在进行的"阶级斗争"的武器来使用。"文革"的结束，特别是十一届三中全会的召开，终结了这一局面，人文社会科学终于迎来了自己在改革开放时期独立发展的春天！

"改革"和"开放"作为两大单独事件，分别影响乃至决定了这一时期人文社会科学的走向。而对此一期间的人文社会科学而言，"改革"实际上意味着对政治与学术关系的大幅度调整，政治对学术的松绑。

很长时间以来，人们只是从"改造世界"的角度来定位人文社会科学，很少从"认识世界"的角度来定位人文社会科学。因此，此前几十年基本上没有学术独立的观念和自觉，在社会科学研究方面尤其如此。当时既没有独立的学术研究，当然也就更没有我们现在所推崇的所谓学科建设。呼唤学术的健康发展，遂成为1978年后的强大思潮。学术从唯现实乃至唯政治的马首是瞻到已适度独立，从对政治亦步亦趋到不即不离，近40年来人文社会科学领域所发生的最大变化，是学术与政治在近40年间所形成的一种相对健康的关系，这构成了中国人文社会科学近40年持续繁荣的稳固基础。这种不即不离政学关系的形成，既是对以往重大教训的深刻总结，更是此一时期学术对政治的自觉认同。

作为近40年来且持续影响21世纪世界格局的重大事件，中国崛起及中华文明的复兴已获得巨大成功，中国已经稳步走出了贫穷落后的"第三世界"。这一成功不但使整个国家和个体告别历史上长期存在的匮乏，获得越来越充裕的物质等方面的享受，而且也一洗中华民族百余年来的近代耻辱。事实和历史都已证明，这一时期的"政治"是正确的，决策是英明的。因而政治的目标（现代化）与学术的关怀（现代化）这时是基本平行和同向的，这为改革开放40年间学术与政治保持一种健康的关系提供了最大公约数。学术的本质是自由，没有自由就没有学术。学术研究自由度的空前加大，为改革开放40年来中国人文社会科学的大发展提供了从未有过的宽松环境。特别是近20年来，一种融政治、经济、意识形态等方面考虑的项目制管理模式渐成主流，基金和课题越来越成为学术研究的指挥棒。每年国家社科基金各类项目的导向和指南总能引起学界万众瞩目，高层提倡什么，支持什么，一目了然。这给研究者既带来了压力，也提供了巨大动力。十余年来包括人文社会科学论文在内的中国学术论文总量飞涨并跃居世界前列就与目前由基金、课题与高级别期刊主导的学术评价体系密切相关。学术研究遂逐步纳入既有国家意志又有个人相对自由的轨道。

数任党政高层的高度重视，是近40年来人文社会科学全面繁荣的根本原因。这种重视与此前形成鲜明对比：此前要么"重理轻文"，要么认为文科除了"搞阶级斗争"外，没有其他用处，直到"文革"结束之初，流行的还是"学好数理化，走遍天下都不怕"，潜台词仍然是文科无所谓或文科危险，至少和自然科学无法相比。自然科学与社会科学孰轻孰重？邓小平从新时期一开始就明确指出，通常所说的"科学当然包括社会科学"。江泽民总书记于2001年则提出，哲学社会科学与自然科学在4个方面同等重要，其中最重要的是，在认识和改造世界的过程中，哲学社会科学与自然科学同样重要。胡锦涛总书记要求全党，"一定要从党和国家事业发展全局的高度，把繁荣发展人文社会科学作为一项重大而紧迫的战略任务切实抓紧抓好"。正是在这样的认识指导之下，2004年3月，中共中央颁布《关于进一步繁荣发展哲学社会科学的意见》，明确了新时期繁荣发展哲学社会科学的指导方针、主要任务和总体目标，要求实施马克思主义理论研究和建设工程，推动哲学社会科学管理体制改革。这是我党历史上第一个以中共中央的名义专门为哲学社会科学工作制定的纲领性文件，具有里程碑意义。特别引人注目的是，2016年5月，习近平总书记发表《在哲学社会科学工作座谈会上的讲话》，强调指出，坚持和发展中国特色社会主义，必须高度重视哲学社会科学，要着力构建中国特色哲学社会科学，在指导思想、学科体系、学术体系、话语体系等方面，要充分体现中国特色、中国风格和中国气派。这为中国人文社会科学的未来发展指明了方向和道路，推动人文社会科学踏上"本土化"或"中国化"的新阶段，意义重大。

中国的人文社会科学从孤立于世界学术大家庭之外到全面融入世界学术主潮，闭关自守状态的被打破，是近40年来，人文社会科学大发展的另一重大动力。改革开放的40年，是1949年后人文社会科学最为活跃、最为繁荣、最富生机的40年，学术创获也是此前任何时期所不能比拟的。严格说来，这一辉煌局面的出现主要是拜"对外开放"所赐。

作为世界学术大家庭中举足轻重的一员，中国人文社会科学一度的确孤立于世界人文社会科学发展的主潮之外，不唯如此，有时甚至还和这一主潮相背而行。基于"阶级观点"对人文社会科学功能的狭隘理解，大约从20世纪50年代开始，我们把在中国有一定影响的社会学、人类学、心理学、法学、经济学等等同于西方文化，把西方文化等同于帝国主义文化，全部予以否定，社会科学的学科建制几乎被整体取消。被保留的哲学、文学、历史学等学科也被隔离在二战后世界学术转向的潮流之外而固守以前的旧范式。而我们闭关自守的这几十年，恰好是西方人文社会科学飞速发展的几十年。以历史学为例，二战后西方史学发生了一场规模巨大的范式革命：仅从研究课题上看，战前主要是研究政治事件史、战争史、外交史、军事史、国家史、伟大人物史，战后研究方向则主要转移到社会（日常生活）史、物质文化史、心态史、民众史等方面来。而同一时期的中国史学却与这股潮流恰相反背。大约也正是从20世纪50年代中期开始，我们强化了政治史、事件史、战争史，对原本即已存在并有一定程度发展的社会史、文化史不够重视，同时阶级斗争史和战争史得到加强，与西方史学的联系中断，沟通渠道堵死。到20世纪60年代与苏联决裂后，也向苏联史学关上大门，中国史学完全自我封闭。史坛这时的一系列所谓论争，只不过是离群索居的自言自语。

十一届三中全会以来，学界与整个中国社会一起敞开大门，积极引入各种西方人文社会科学思潮。这时学术的对外开放，比五四运动时期有过之而无不及。西方学术观念、方法的挤入与流行，是40年间中国人文社会科学史上的最重要事件。系统论、信息论、控制论、耗散结构论、接受学、士绅理论、年鉴学派理论、市民社会理论、公平正义理论、文明冲突理论、地方性知识、文化资本、知识考古学、新文化史、公共领域理论、解释学、符号学、福利社会主义、新自由主义、制度经济学、后现代主义、建构主义、解构主义、新符号论和女性主义等西方新思潮、新观念、新方法，都在"拿来主义"的口号下，大规模引入国内。《走向世界丛书》《走向未来丛书》《汉译世界学术名著》《海外中国研究丛书》《文化：中国与世界》《世界现代化进程研究丛书》《海外汉学丛书》《外国法律文库》《外国律师丛书》《当代经济学系列丛书》《日本学者研究中国史论著选译》等，在一段时间内充当了引进西方学术思想的桥梁。这种对西方学者论著的大规模翻译和刻意学习与模仿，深刻左右乃至根本改变了大陆人文社会科学的学术走向。

　　不仅治学的理论、观念与方法的引进，使中国学术发生了革命性变迁，我国的学科体系和学术体系在近40年的短时间内，也几乎走过了西方近200年的行程。经济学、法学、政治学、管理学等，几乎全部照搬和原封移植自欧美。甚至我们的大学教材，最初也是改编或编译自欧美，到后来，经济学、管理学、法学、政治学等学科，干脆直接使用"英文原版教科书"。不仅学科设置，我国整个社会科学学科体系、学位制度均是以欧美为蓝本建立起来的，这个体系和制度的所有板块和层面也均来自西方。可以说，没有对外开放，没有对西方现成学科体系的全盘性横向照搬，就不可能在如此短的时间内建立起当下庞大而完备的社会科学体系，所以，学术界的"对外开放"和"拿来主义"，对当时中国学术的发展意义巨大，功不可没！尽管与此同时，经济学、政治学、法学和管理学等社会科学一度走上了一条无视中国经验、中国文献、中国案例、中国数据的极端，但毕竟中国的人文社会科学体系和框架已经快速建立起来了，未来要做的是方向和重点的调整。换句话说，人文社会科学体系在这40年间已经解决了从无到有的问题，今后面临的是未来的方向与道路的调整问题。

二、人文社会科学的学科体系基本形成

学术上的这次巨大转型,主要体现在学科建设和学科体系的完成上。其中,社会科学的高速崛起和高度繁荣,是近40年来人文社会科学领域的主要特征。

1949年之后,受政治影响,学术发展路向发生急剧转轨,学科调整也以急剧震荡、接近"休克"的方式来展开。诸多从过去延伸而来的人文社会科学因带有的"资产阶级"性质,而被大幅调整和压缩。社会科学的"曲折"尤其严重,首当其冲的是社会学被取消,人类学被大幅削减,只有体质人类学在复旦大学人类学教研室、中国科学院古脊椎动物与古人类研究所得以保留。政治学也在1952年院系调整时被取消,直到1960年,中苏争论公之于世,为了应对国际共产主义运动中出现的争论,一些大学才重建了政治系,但以讲授马列主义基本理论为主,几乎不涉及与国内相关的政治学问题。1964年以后,北京大学、复旦大学和中国人民大学的三个政治学系均改名为"国际政治系",其实,当时关注的所谓"国际政治",主要是民族解放运动和国际共产主义运动,对国际政治的其他方面很少涉及。法学院系也被大幅削减,院系调整后设有法律学系科的只有9个机构,即"五院四系","五院"指的是北京政法学院(中国政法大学的前身)、华东政法学院、西南政法学院、中南政法学院(中南财经政法大学的前身)、西北政法学院,"四系"即北京大学、吉林大学、中国人民大学、武汉大学的法律系,但其中

北京大学法律系1952年被撤销，1954年又重新恢复。法律学科的讲授内容以苏维埃法律为主。中华人民共和国成立初期，全国高等财经院校共有19所，设有财经系科的院校共有76所，但经过1952、1953年两次调整后，由各公立、私立财经大学系科被合并成4所多科性财经学院。此外，仅在北京大学、南开大学、东北人民大学、复旦大学、兰州大学等综合性大学设立了经济系。经济学的学科版图被大幅调整，马克思主义经济学成为中国的主流经济学，西方经济学被当成资产阶级的意识形态、庸俗经济学而打入冷宫。人文学科虽调整幅度不大，叙事范式也以马克思主义为标准重新建构。

"文革"期间，本已残缺不全的人文社会科学被大砍大并，各大高校院系开始搞"三合一""五合一"，即把经济、哲学、历史3系合并为1个政治学专业，把经济、法律、历史、马列主义教研室合并到哲学系，其间学术研究无法开展，教学活动基本停滞，学科体系名存实亡。

直到改革开放之后，人文社会科学各领域才从噩梦中醒来，慢慢恢复、重建，并逐渐发展壮大。从学科体系的角度来看，这一历程大体上可以分为20世纪70年代末至80年代、90年代中期至今两个阶段。前一时期，以恢复重建为主，后一阶段，以鼓励交叉和学科整合为主，学科体系逐步完善和成熟。

从20世纪70年代末至80年代，重点在建设基础学科。其中，文学的基础学科如中国语言文学、文艺学、中国民间文学、外国语言文学、汉语言文字学、中国古代文学、中国现当代文学等陆续恢复或重建；哲学的基础学科如西方哲学、中国哲学、逻辑学、伦理学、美学、科学技术哲学等相继恢复或重建；历史学的主干学科如历史文献学、专门史、历史地理、考古学、史学理论、史学史、中国古代史、世界近现代史等逐步恢复或重建。这一时期，对人文学科而言，如果说主要是恢复的话，那么对社会科学而言，则完全是从无到有另起炉灶。其中，社会学的基础学科如社会学理论、城乡社会学、社会心理学，人类学的主干学科如体质人类学、文化人类学，政治学的主干学科如中国政治、中外政治制度史、中外政治思想史、国际政治学、比较政治学、行政管理等，法学的基础学科如法理学、法律史学、宪法与行政法学、民法、刑法、民事诉讼法、刑事诉讼法等，经济学的主干学科如政治经济学、西方经济学、世界经济、中国经济史、外国经济史等，都快速重建起来。

这一时期，总体而言，人文社会科学各领域的基础学科、主干学科较为完整地恢复或建立起来了，各领域学科体系的大体架构得以确立，各专业的知识体系得以完善，各学科的版图基本绘制完成。其中，经济学科、法律学科和政治学科最为迅猛，学科扩张力度最为强劲。这一时期，几乎没有一所高校不设立经济学院，没有一所高校不设立法学院，这两大学科的发展势头压过了其他所有学科，以致学界有"经济学帝国主义"的说法。

20世纪90年代后期至今，随着改革开放的深入和社会的不断发展，人文社会科学的研究领域也不断拓展，在学科不断细化的同时，学科之间的融合也在加强，各学科都出现了许多边缘学科、交叉学科。新兴学科、分支学科的不断涌现，为各学科的深入提供了新的研究视角、理论向度，为各专业的发展提供了新的知识增长点，大大完善了人文社会科学的学科体系。

就人文学科来看，文学的新兴学科如比较文学、文学地理学、文学人类学、文学语用学等不断涌现；史学的新兴学科如全球史、公共史学、生态史学、环境史学、计量史学、妇女史、性别史、情感史、影视史学等相继兴起；哲学的新兴学科如文化哲学、生态哲学、经济哲学、决策认识论、接受认识论、创造认识论、心理哲学等方兴未艾。就社会科学来看，政治学的交叉学科如政治社会学、区域政治学、民族政治学、生态政治学、经济政治学、政治心理学、政治人类学等相继兴起；经济学的新兴学科如新经济社会学、经济人类学、组织经济学、经济控制论、行为经济学、法经济学、实验经济学、开发经济学、生物经济学、知识经济学等逐渐形成；法学的新兴学科如法哲学、法社会学、法律经济学、比较法学、传统法律文化、法制系统工程、科技法学等陆续涌现；人类学的边缘学科如人类起源学、人种学等逐渐兴起；社会学的新兴学科如政治社会学、宗教社会学、环境社会学等不断出现。

总体而言，经过40年的高速发展，中国已经建立起完整的学科体系，基础学科应有尽有，成为各专业的基本架构，而新兴学科与交叉学科不断涌现、形成，为各专业提供着新的理论视角与知识增长点。由于经济建设和社会发展的需要，在一段时间内，社会科学占据主流，而随着改革开放的深入，近几年，人文学科又逐步兴盛繁荣起来，成为瞩目的热点。

三、专业人才培养体系即学位制度大体完备

人文社会科学领域专业人才培养体系即学位制度的建构完成，也是学术上的第二次巨大转型的另一重大标志。

学位制度起源于中世纪的欧洲，世界上的学术大国，如美国、英国、德国、法国，无不有着完备的学位体系，在它们辉煌的学术成就中，学位教育总是担负着重要角色。无疑，学位教育与学术发展之间存在着密不可分的关系，在现代知识社会，只有大规模的学位教育，才能为学术发展提供源源不断的支持。遗憾的是，中国的学位教育远远晚于西方，直到清末，学位教育才在中国萌芽。到了北洋时期，政府通过颁布《大学令》《大学规程》等法规，初步确立了学位制度。但由于军阀混战和政局极度动荡，学位制度并没有真正实施，始终停留在纸面上。到了国民政府时期，虽然国家颁布了《学位授予法》及相关细则，也开展了学士及硕士研究生教育，但由于战乱频仍，博士学位的培养一直是一块空白。中华人民共和国成立以后，在20世纪五六十年代，虽然两次试图建立学位制度，但由于政治气候日趋极端而两度夭折。1956年曾短暂试行过"副博士"学位制度，1957年即予以取消。直到1977年7月邓小平复出后，随着高等学校招生的恢复，学位制度的建立才重新提上日程。1981年1月1日，《中华人民共和国学位条例》生效，我国才正式建立了自己的学位制度，确立了由学士、硕士、博士组成的三级体系。这是中华人民共和国成立以来颁布的第一个学位条例，

有人将其视为中国现代学位制度产生的标志，是非常有道理的。只有在改革年代，现代中国才真正有了完整意义上且得到完全施行的学位制度。

经过40年的快速发展，我国的学位制度已经建构完成，形成了相对完善的格局。尤其是获得学位人员数量呈爆炸性增长态势。截至2011年，我国共授予各类博士、硕士和学士学位33.5万人、273.2万人和1830多万人。其中人文社会科学占比四成左右。无论是经济学、法学、社会学、历史学，还是文学和哲学，各人文社会科学都已经建立了完备的学位培养体系。目前我国已经跨入世界研究生教育大国行列。截至2008年，我国具有博士学位授权的高校及科研院所已超过310所，已赶超美国的253所。2008年全国博士毕业生人数高达5.5万人，超过美国跃居世界第一。各人文社会科学专业包括哲学、经济学、法学、教育学、文学、历史学等人才培养体系逐步完善、成型，人才培养机制也步入正轨。

众所周知，学位不仅仅是一种学术称号或荣誉性称号，它更是评价学术水平的一种尺度。学位的授予建立在严格的科学训练和考核的基础之上，无论是学士、硕士，还是博士，掌握学科的基本理论、专门知识和基本技能，并具有较强的从事科学研究工作的能力，都是获得学位的基本要求和基本条件。从根本上说，学位制度是一个以学术为主导的体系，学位教育已经成为现代学术生产的一种基本方式。

学位制度的施行，对40年中国学术的发展起了难以估量的作用，学者的培养，学术后备力量的补充，全有赖于学位制度的建立和运行。学位制度已成为我国开展人文社会科学研究、培养各类学者的重要载体。学位制度不仅是为青年学者的成长提供了程序化成长体系,也几乎成为他们进入学术圈的唯一途径。40年来,大批硕士博士藉由学位教育,源源不断成为学术研究的新生力量,为40年来中国人文社会科学的发展繁荣提供了一个整体性的人才支撑。这是这40年的学术和清末以降一直到改革开放之前这一段时间学术发展非常重要的一个区别。接受过完整的学位教育,是40年来的学术共同体最重要的一个标志。其中的代表人物、领军人物,绝大多数都有学位教育的背景。如果以有无系统的学位教育作为衡量现代学术研究指标的话,从清末到中华人民共和国成立前30年的高等教育只能看作是现代学术研究的一个前奏。因此,学位制度的建立,不仅仅代表高等教育的变革,更标志着学术研究诞生了一种新的生态,在这种新的生态中,学术训练和学术传承被赋予新的内容和特质,有了制度化的保障。尤其是"211工程"和"985工程"的实施,造就了一批高水平、具有特色的国内一流、国际知名的大学,更提高了培养学术后备力量的整体水平。

当前,学位论文已经成为学术成果总量中的一个重要组成部分,其中的代表就是一度引起学术界乃至整个社会普遍关注的"全国优秀博士学位论文评选",这个评选活动的初衷,就是鼓励、支持全国优秀博士学位论文作者不断做出创造性成果,加强高层次创造性人才的培养工作。在现代学术评价体系中,高学历人才的比例已经成为学术研究实力的一个重要指标。

必须看到,学位教育,尤其是硕士博士学位教育,对于学术研究的专业化、职业化起到至关重要的作用，但这是一把双刃剑，对专业主义的过分追求，可能使人们丧失对现实的关注，湮灭理想主义的情怀，掉入"为学问而学问"的陷阱，并进而使学术有负于预现实生活、引领社会发展的"天职"。专业主义的束缚，使得一些素质优良、本心向学的年轻学人按部就班乐此不疲地在专业化、技术性的训练中打转，从而丧失了学术创造的精神。除此之外，学位制度还存在着其他不足之处，如学位培养质量的普遍下降，学位教育过程当中评价体系的扭曲，学位教育沦落为"就业"教育的倾向，诸如此类的问题使得学位教育不能够很好地发挥它学术研究的属性。但是，需要特别指出的是，以上这些问题，都不足以否定学位教育对于学术研究的巨大推动。

四、专业学会系统日趋完善学术共同体已具雏形

除了学科体系、学位制度的形成与完善之外，专业学会系统的建立和健全，学术共同体已具雏形，是近40年来人文社会科学领域发生的另一个深刻变化。这种学术共同体在这40年间是以各种各样的专业学会的面目出现的。

"文革"十年是学会发展的空白期，不仅没有新的学会产生，原有的学会也大都停止活动。十一届三中全会之后，中华人民共和国迎来了科学的春天，也迎来了学会发展的春天。仅1979年就有25个国家级学会宣告成立。各种专业学会的密集出现，构成20世纪七八十年代之交一道绚丽的学术景观。20世纪70年代末至80年代，各学科、各地方、各方

向的专业研究学会、机构大面积地相继恢复或成立,其基本架构大体确立;进入20世纪90年代后,各学科走向细化、深入,各专业的细分领域学会、研究机构相继成立,其整体架构不断完善;21世纪以来,一方面各专业的细分领域的学会、研究机构继续零星地成立,另一方面各专业之间呈现出了一定的融合趋势,于此一时期成立的很多专业研究机构也呈现出了这一特征。近40年来,专业学会的整体架构从基本确立走向不断完善,从初具气象走向血肉日丰,学术研究遂呈现一片繁荣的景象。

20世纪70年代末至80年代,人文社会科学各领域的总会基本上恢复或创立。其中,中国史学会于1980年恢复活动,中国政治学会于1980年成立,中国社会学研究会于1979年成立,中国法学会于1982年恢复活动;不同学科的地方分会相继恢复或成立,其中,上海市哲学学会于1978年恢复活动,北京市社会学学会于1981年成立。各学科内不同专业方向的分会也陆续恢复或成立,如历史学方面,中国农民战争史研究会可能设立最早,于1978年成立,中国考古学会于1979年成立,中国现代史学会于1980年成立,中国先秦史学会于1982年成立;文学方面,全国唐代文学学会于1982年成立,中国小说学会于1984年成立,中国比较文学学会于1985年成立;法学方面,中国法律史学会于1979年成立,中国国际法学会于1980年成立,中国经济法研究会于1984年成立;经济学方面,中国金融学会于1979年恢复,中国数量经济学会于1979年成立;哲学方面,中国哲学史学会于1979年成立,中国现代外国哲学学会于1979年成立,中国伦理学会于1980年成立,中华全国美学学会于1980年成立。

这一时期,从专业研究学会来看,就学科、地域而言,人文社会科学各领域的总会、地方分会,较为完整、全面地恢复或成立了;就当时各学科内的基本方向划分而言,各学科内不同方向的专业分会也大体上恢复或成立了。总体而言,由于各学科专业研究学会、机构的大面积恢复或成立,人文社会科学各领域的学会基本架构大体确立,初具气象。

进入20世纪90年代后,人文社会科学各领域中各专业的细分领域学会相继成立,其中,史学理论分会作为中国史学会的二级学会于1993年成立,中国报告文学学会于1992年成立,中国实学研究会于1992年成立,中国南社与柳亚子研究会于1990年成立,中国国际私法研究会于1993年成立,中国粮食经济学会于1993年成立,中国社会学会农村社会学研究会于1994年成立,中国商业法研究会于1993年成立。

新世纪以来,一方面,学科的细化、深入趋势在持续,另一方面学科之间呈现出一定的融合趋势。例如,朱子学会于2011年成立,中国文学批评研究会于2014年成立,中国国际金融学会于2000年成立,河北省社会学与社会发展研究会于2005年成立,全国外国法制史研究会于2000年成立。当下总的状况是,因专业学会整体架构已大体确立和完善,所以新世纪以来成立的专业学会数量有所减少,而跨学科、交叉研究会的设立则呈方兴未艾之势。

各种专业学会承担着规划本学科发展、组织学术会议、推动国内国际学术交流、开展知识普及教育的职能,成为学术繁荣发展的重要推动者。尤其值得一提的是,专业学会在促进中外学术交流、开展国际合作方面发挥了不可替代的作用。2004年7月，在中国社会科学院社会学研究所的努力下，由中国主办的第36届世界社会学大会在北京隆重召开。这是世界社会学大会第一次在日本以外的亚洲国家举行。此次会议的主题是"全球化背景下的社会变迁"，会上发表了《世界社会学家北京宣言》。2010年，中国史学会争取到有"史学界奥林匹克"之称的国际历史科学大会的承办权。2015年，第22届国际历史科学大会在山东济南召开，这是100多年来国际历史科学大会首次在亚洲举办。学会的这些工作提升了中国人文社会科学的地位和影响，加快了走向世界、跻身前列的步伐。

各种专业学会的建立，不但映衬出学术研究的繁荣，更昭示着学术研究正在形成一个独立的场域。中华人民共和国成立后至"文革"时期，由于"左"的路线的干扰，人文学术研究奉行"革命性第一、科学性第二"的方针，学术研究服务于现实政治运动，科学精神、学术自由、"双百"方针都未得到充分的发扬。而改革开放以后，专业学会系统的建立，学术组织的力量越来越壮大，学术规律越来越得到尊重。中国政治学会推崇"坚持实事求是的科学态度，对政治学领域的理论和实践问题进行研究"，中国史学会以"团结全国史学工作者，开展学术活动与进行中外交流，以促进历史科学的繁荣和发展"为己任，中国社会学会以"贯彻'百花齐放，百家争鸣'的方针，紧密联系中国实际，积极开展社会学教学与研究，发展社会学学术事业"为其旨趣，中国法学会则以"理论联系实际，开展法学研究、法学交流和法治实践，引领和繁荣法学研究，推进法学理论创新和法治文化创新"为要务。总之，各专业学会都倡导以科学态度研究学术问题，学术研究获得了独立自主的地位和空间，这都意味着以"革命"统帅学术时代的终结。

专业学会对促进学术上的平等、民主、自由一直发挥着重要引导作用。比如会员入会，各学会章程都有明文规定，只要符合会员条件、认可学会章程、提出入会申请，都可以成为学会会员。在学会活动中一律平等，会员无论职位高低、名气大小、年龄长幼，都有自由发表自己学术观点的平等权利，任何人都不能把自己的观点强加于他人。专业学会推崇奉行的这种学术至上原则，对学术的繁荣发展起到了不可替代的巨大作用。

随着专业学会等学术组织的建制化发展，学术交流日益密切，学界的共同体意识、职业操守、行业规范逐步形成，在学界、学术管理部门的共同努力下，人文社会科学各领域、各专业的学术规范基本确立，学术作品的写作、发表、出版等逐步呈现规范化的态势，学术伦理逐步受到了学术工作者及社会各界的重视。人文学术研究与自然科学研究一样，已经初步形成了一个庞大的学术共同体。这种学术共同体当然不是实体性的、严密的组织机构，而是基于某种学科、价值、理念或范式的认同而形成的相对松散的学者群体。学术共同体为学术研究活动"立法"，依据内在的"行规"规训和引导学术研究活动，通过特定的评价机制激励或惩戒从业者，使学术研究步入正常的轨道。

同时也应该看到，我们目前的学术共同体尚未完全达到自主、自律的水平,大部分学者对专业学会等学术共同体的忠诚度、依赖性低于其所隶属的单位。尤其是学术共同体尚未完全承担起学术评价主体的责任,同行评议制度还不够完善,行政主管部门的量化考核仍占主导。今后学术共同体应当切实建立起一套不同于其他社会活动的道德规范和价值系统,成为学术秩序的建设者、维护者和监督者,从而持续推进学术的繁荣。

40年来,在改革开放的时代洪流中,中国人文社会科学经历了根本重建和整体转型,学科体系、学位制度日益完备,学术共同体也在自觉构建之中,交出了一份无愧于时代的合格答卷。但人文社会科学领域的"改革"和"开放"暴露出的某些偏颇也不容讳言:告别片面的学术为政治服务走向了完全"去政治化",部分学者遁入象牙塔而不问窗外的春夏秋冬;面向世界、学习西方堕入了西方化的陷阱,西学被一些研究者视为普世的、完美的知识和价值体系。只有克服上述偏颇,中国人文社会科学才有望迎来下一个辉煌的40年。中国人文社会科学必须扎根于中国社会和中国大地,直面和回应现实生活中的问题,与实现"中国梦"、建设中国特色社会主义的伟大实践贯通起来;中国人文社会科学的发展必须穿自己的鞋走自己的路,从西方化转向本土化,向着构建中国特色哲学社会科学体系的总目标奋力迈进!

(原载《中华读书报》2019年1月2日)

中国向何处去：人文社会科学的近期走向

我想就当前人文社会科学的基本走向问题谈一点看法。如同大家都已感受到的变化一样，最近思想文化领域的确出现了一些趋势性的东西。整个中国的精神气候、文化气候、学术气候正在发生深刻变迁，整个舆论环境正在被重构。换句话说，风向变了，原来刮西风，现在变成东风了，原来刮南风，现在刮北风了。眼下我们正处在这个重大变迁发生的过程之初。

一、整个中国正在朝着更加本土化的方向发展

这个变迁是怎样发生的？它的走向如何？它意味着什么？这是我要探讨和回答的问题。

中国共产党十八大之后，比较大的思想文化事件有这样几个，它们虽然正在或已经发生，但未必会引起大家认真思考。一是习近平总书记2013年11月26日到山东曲阜考察并发表了一番非常重要的讲话。在曲阜参加会议期间，我专门问了问题：习近平总书记2013年11月26日到曲阜的时候到没到过孔庙？人家说，那当然到了。这个举动非同小可，我

们且不论他讲话的内容,就他到这个地方本身就带有巨大的象征意义,象征意义远远大于它的实际意义。至少20世纪以来,国家最高领导人是没有到那个地方去过的。

二是2014年9月24日,习近平总书记在国际儒联发表的关于儒学和传统文化的长篇讲话。后来官方发表的稿子是5000多字,全面谈到了他对儒学的认识。这一举动意义尤其重大,因为曲阜之行仅仅是开了一个小范围的座谈会,而在国际儒联的讲话面对的则是海内外340多名学者。习近平总书记这个讲话特别是在国际儒联的讲话,很鲜明地表达了中国共产党人对儒学的态度,对传统文化的态度,对中华文化复兴的态度,所以这个讲话尤其值得重视。

当然这是两个比较大的事件,还有几个小事件也希望大家关注。一个是习近平总书记到北京大学《儒藏》编纂中心去看望汤一介先生,与汤一介先生进行交流。这意味着什么呢?习近平总书记到北京大学去看望中国传统文化、中国儒学的代表人物汤一介先生,而不去问政于厉以宁、林毅夫诸位有巨大影响力的经济学家,这就带有特殊的意味、特殊的标志性。另外李克强总理隆重接待饶宗颐先生,而饶宗颐先生是海内外公认的国学大师,是英语学术界共同推崇的一个人。李克强总理怎么不接待其他人呢?怎么不接待那么多其他的社会科学家呢?怎么不接待诺奖获得者呢?而且还在中央新闻联播上播了很长的篇幅。

还有一个细节,4月23日是"世界读书日",我们的领导人出现在中华书局的纪念会上。中华书局是以出版古籍为主的出版社,他怎么不去人民出版社呢?他怎么不去商务印书馆呢？为什么单去一个专门出版古籍的出版社呢？视察中华书局不视察人民出版社，那是出版社自己能决定的吗？而且领导人去的时候我看见了一个非常熟悉的身影——陈来先生，他是儒学研究的代表人物。陈来先生不仅参加了"世界读书日"，而且在各种重要活动上都有他的身影。在此之前参加活动的是另一部分人，所以我个人认为这些细节非常有代表性，包含深意。我希望这些细节促使大家思考我下边将要谈的问题。

另外现在遍布大中小学的读经班，各种各样的国学班风起云涌。北京大学、人民大学、清华大学到处都在办国学班，它怎么不办西学班？它怎么不学西方的经典？另外近年来，各种国学机构、儒学研究机构、传统文化研究机构像雨后春笋般争先恐后地出现，恰好在这个时候几乎没有一个西学研究机构出现，也没有一个研究马克思主义的机构出现。自由主义在世界上的影响这么大，成立一个自由主义研究所也理所当然，哪有啊？马克思主义是我们的国家意识形态，除了高校的马院之外，我也很少看到民间成立一个马克思主义读书班。这是当前我们所感受到的一些事实。这些事实都昭示了一个问题，就是我们的精神气候、文化气候、学术气候正在发生深刻的变迁，正在发生方向性的转折，而这一点是诸位应该高度关注的。

从这些现象当中能得出一些什么结论？我提出下面几点跟大家交流。

（一）整个中国正在朝着更加本土化的方向发展

这是从上面的这些细节当中我个人得出的一个结论。三十年河东，三十年河西，以30年为界我们至少可以划分为这样几个阶段：

一是从1919年到1949年，全盘西化，向西方完全打开了大门，占主流地位的是以胡适为代表的自由主义思潮，马克思主义虽然日渐强大，但并没占主流地位。

二是从1949年到1979年，到1978年底十一届三中全会召开，我们完全向西方关上了大门，这个关门本身是不是本土化大家可以讨论。如何概括从1949年到1979年这30年的发展趋势，我们可以讨论，当然我有个人的看法，我认为从1949年到1979年也是一个本土化的趋势，但是这个本土化是和中国另外的思想流派联系在一块儿的，和今天总书记所推动的本土化有完全不同的内容和内涵。我认为从1949年到1979年，是法家学说占主流地位的一个时期，我们很多东西在法家化，反对温良恭俭让，拒绝仁义礼智信，和儒家学说对着干。这就是我们前30年的基本情况，总的趋势是向西方关上了大门。

三是从1979年到2009年或者是到十八大，这30年是在反"文革"、清算"文革"、质疑"文革"的基础上展开的，大的口号叫改革开放，全面向西方开放，向西方靠拢，所以20世纪80年代是个全盘西化占主流的时代，这一点为大家所公认。1989年之后，好像是提倡传统文化、批判《河殇》，但在我看来，如果20世纪80年代是轰轰烈烈的全盘西化的话，那么20世纪90年代则是悄无声息的全盘西化。1998年思想界曾经提出过一个判断：自由主义浮出水面。自由主义作为一个意识形态，恰好是在20世纪90年代被公开化的，不是在20世纪80年代公开化。公开地打出自由主义的旗帜是在1998年，那一年有一篇文章，题目就是《自由主义浮出水面》。所以从形式上看，1989年之后的风向也发生了很大的变化，至少对传统文化的研究、对儒学的研究不像20世纪80年代一样被压抑，但同时，全盘西化的思潮也在继续深入。近一段时间，有关方面呼吁高校清理正在使用的英文原版教材，这些西方的原版教材，都是20世纪90年代进入高校的，即使到2000年之后也是这样，大学特别是经济学、法学、政治学全盘和西方接轨，所以近30年来的主要趋势像20世纪80年代一样，它的基本面、主流的思潮仍然是西化。尽管与此同时，儒学研究、传统文化研究、国学研究也得到了一定程度的复兴，但这个复兴的程度远没有最近几年轰轰烈烈。

四是从十八大之后，一个全面本土化的时代已经开始，我们正在进入新的时代。前一阶段袁贵仁部长发表的一篇讲话在舆论界引起很大反响，清理西方教科书当中所隐藏的西方的价值观念，这样做，从国家的角度看那是没问题的，但我想跟大家说明的问题是，这看来只是一个信号、一个开端，这个趋势还在深入。换句话说，从十八大之后，一个全面的、立体化的本土化时代已经到来，这个时代如何评价，还有待观察，但是这个时代业已开始，思想、理论、文化上的新时代已经开始。中医、中药、汉服、汉语、汉字等都在国家政策的大力提倡范围之下，中国道路、中国模式、中国治理这些问题都在得到格外强调。总之，整个中国正在朝着本土化的方向发展。

(二）近30年中国社会科学高速发展繁荣的局面正在告一段落

大家注意，不是社会科学在走向终结，而是社会科学高速发展繁荣的局面在告一段落。1979年前的30年是人文学术占主流、人文学术占主导的30年，像经济学，只是在北京大学、南开大学、复旦大学及若干个大学得到保留，其余全部取消，山东大学只留一个政治系，另外还有中文系、历史系、外语系，文科就这几个系，其余的法学、社会学、经济学、人类学，这些学科都被取消，为什么呢？因为这些学科都是西方的，1949年向西方关闭大门的时候，把所有西方文化等同于帝国主义文化。院系调整是一次非常大的调整，把全国的法学、经济学、政治学集中在几个高校保留下来，其余的学校全部取消了这些学科。

所以，前30年是人文学术主导全局的30年、主流化的30年，前30年站在前台经常出面发言的都是哪些人物呢？郭沫若、范文澜、翦伯赞、周扬，都是这些人物，就不要说冯雪峰、丁玲这些人了。处在国家核心领导机构中枢的那些智囊们是谁？张春桥和姚文元，姚文元是文学评论家，张春桥也是个写杂文的，办报出身。总之，你找不到一个社会科学家。

而近30年站在前台发言的已经完全是另外一拨人了，是吴敬琏、厉以宁、林毅夫、樊纲。处在中枢领导机构的也是政治学家。所以近30年来，一有重大发言机会，在前台上活跃的全部都是社会科学家，要么是经济学家，要么是政治学家，要么是法学家，很少看到人文学者在发言。

的确，近30年学界的一大变化，如同陈平原先生前几年所言，是社会科学的崛起，在我们身边悄悄地崛起了一大批学科，而且这些学科出尽风头。经济学崛起了，各个大学都争先恐后地办法学院，政治学、社会学、人类学也是这样。近30年来在高校发生的一个巨大变化是学科结构的变化，社会科学全面崛起，不但崛起，而且主流化，这是大家所感受到的一个显著事实。在高校，在我们的身边，原来没有的学科出现了，原来没有的人物也出现了，原来大家收入都差不多，现在突然校园内部贫富悬殊。

我个人认为，社会科学的好日子可能差不多了。尽管你的收入可能还很高，但是社会科学从目前开始，高速发展的局面已经停滞下来，至少正在进入一个比较缓慢的发展时期，为什么呢？因为所有的社会科学背后的预设都是自由主义、普世价值、西方价值，所有的学科都是西方的，中国原本没有社会科学，连经济学这种概念都是从西方来的。经济学、政治学、法学的理论预设、研究基础是西方自由主义，而自由主义在今天处于一个被压抑的阶段，不能公开宣扬。经济学的假设是理性人，理性人的目的是追求个人利益最大化，能再宣传吗？一些经济学家确实被他的学科异化了，经济学家老是感觉人都是自私的，老是追求自己利益的最大化，不自觉地把理论前提变成实际行为准则。在未来一段时间，这肯定不行。政治学的基本原理是三权分立、军队国家化，除了一些技术层面你还能讲讲之外，你还能再讲什么呢？法学也是这样，无前提的司法独立、分权制衡，你还能再讲吗？你还能再研究吗？这些学科从目前来讲只能在技术层面还可以，想在基础理论上再有推进和开拓已无可能。

　　从较长时段来看，这些学科的生命力和出路，就是把中国经验理论化。这些学科不是没有自己的发展余地。30年中国高速发展的秘密在哪里？中国经验给人类社会提供了哪些西方没有的东西？而这些东西如何被抽象化，或者提炼成带有一般意义的理论原则？这应是下一步政治学、经济学、法学所要面对的课题。我们都说中国崛起、中国道路，中国道路的特征在哪里？西方如此不看好中国的政治体制、社会管理体制，而恰好这30年，中国成为世界第二大经济体，秘密在哪里？道理在哪里？我个人认为，政治学、经济学、法学在更强烈地面对一个本土化的历程，这个本土化就是把中国经验升华为一般的理论原则，从而修改、修订被我们视为一般法则的那些经济学和政治学的预设。但是这是短期内能做到的吗？即使有这种抱负和雄心，短期内也做不了这个事，没有10年、20年的准备时间做不了这个事情。所以我个人一个悲观的观察是：经济学、社会学、政治学、法学这些学科在未来一段时间内将陷入停滞阶段。最近读杂志，拿着放大镜也找不到一篇很好的富有理论深度的经济学的文章、政治学的文章、法学的文章。我主编《文史哲》杂志，对这方面非常关注，从《文史哲》的来稿方面看，这一点非常清楚。《文史哲》一般不发或者少发社会科学方面的文章，但是经济哲学、法哲学、政治哲学的文章还是要发的，最近这一段政治哲学、法哲学或者是经济哲学的东西在急剧减少。所以我认为，在未来一段时间之内，它高速发展的局面已经结束。这和我们的精神气候相关，对西方价值的警惕、拒绝、审查都在相当大的程度上影响着这些学科研究者的自由度，而在一个非自由的心态下，创造性的劳动是无法被期待的。这是我从上面那些现象得出的第二点结论。

（三）人文学术，特别是中国古典学术、传统文化研究正在从边缘重返主流

这和我刚才说的是相对应的，社会科学高速发展的局面告一段落，与此相应，人文学术特别是中国古典学术、传统文化研究正在从边缘重返主流，最后能不能进入主流，我们还要再观察。但是最近确实表现出，像我刚才提到的陈来先生这一批学者正在努力使儒学、国学、传统文化重返主流地位，要从冷门变为显学，要从边疆走向中央。传统文化研究、国学研究、儒学研究的春天确实已经到来，最佳机遇已经到来。在中国人的观念中，要想成就一件事，特别需要天时、地利、人和的三者平衡与配合，而在这三大要素之中，最重要的是天时，天时现在已经到来。最近国学专家、儒学研究人员非常忙。以前光社会科学家忙，现在搞传统文化、搞儒学的人也非常忙，东迎西请，不亦乐乎！这类人忙绝对不是坏事，光经济学家忙，这个社会可能是有问题的、有偏差的。我是想说明一个什么问题呢？就是人文学术研究、国学研究从边缘重返主流这个趋势已经出现，这些人不光希望忙，他还希望处于主流地位。一段时间之前，可能是2013年春节前夕，电视上报道，中宣部与一批学界重要人物商谈国事，举行春节茶话会，一共5个人，我看见了陈来教授，还有一个好像是清华大学人文学院院长万俊人教授，这些人不但要走向前台，看来他们还想进入主流。众所周知，20世纪

80年代有一个口号,叫史学危机,感觉历史没人学了,最近几年是空前的读史热,史学危机的口号再也没人提了,特别是最近这几年,民间的读史热在升温。这一切都说明一个问题,人文学术的地位正在发生较大变化,最后能不能从边缘进入中央,还有待于时间的检验,但是它至少不像以往一样被大家冷在一边了。

　　需要在此强调的一点是,儒学的复兴、国学的复兴、中华文化的复兴、人文学术的复兴,不但具备了主观上的可能性,而且客观上的物质基础看来也已经具备。为什么传统文化最近热起来了,为什么那些家长都把孩子送去读经,去背《论语》、穿汉服,而且纯粹是民间的、自发的,这和一个问题相关:中国社会正在从贫困走向小康、从短缺走向过剩、从文盲遍地走向高等教育,特别是中等教育的普及和大众化,这给中国的文化繁荣奠定了基础。因为中国的文化、中国的诗词歌赋历来是精英文化、贵族文化、有闲阶级的文化,普通的劳苦大众没有办法享受中国的文化。毛泽东当年说过,在中国只有地主阶级有文化,而地主阶级的文化是以地主阶级榨取农民血汗为前提的。第一必须有钱,第二必须有闲,然后才能学文化。而在过去老百姓温饱尚且不能保证,他怎么学习文化?而学不到一定的文化,掌握不了足够的汉字,唐诗、宋词、汉赋、元曲,他怎么理解?怎么鉴赏?怎么把它变为自己内在的东西?且不说"四书五经"了!现在这一切都结束了!广场舞、旅游热的大规模流行,都昭示了一个问题,人们现在不但有钱,还有闲。这个背景再加上中等教育的普及、高等教育的普及,已使大家能够具备接受中国在过去只有贵族、精英才能享有和垄断的文化。所以，未来中国文化繁荣的物质基础已经奠定。我相信如果"文革"期间的那种短缺经济继续的话，不可能出现像现在这样的状况。中华书局总编辑徐俊接受采访时说，中华书局近来出版的《中国古代物质文化》印刷了有一百多万册，这在过去根本不可想象。这一切都表明中国的普罗大众已经具备享受、理解、掌握、融化中国曾经被贵族、地主、精英、士大夫所垄断的那部分文化，这是我们今天出现传统文化热的物质基础。

这是从物质上讲，另外从政治上讲，实际上很多人都在考虑，习近平为什么到曲阜、到联合国教科文组织去讲话，到人民大会堂面对国际儒联这么一批海内外学者讲话。这说明了一个问题，也是理论界已经讨论很长时间的问题，这就是中国共产党人已经开始了从革命党到执政党的转变。要想走向执政的正统，必须走向秩序，必须走向长治久安，必须走向保守，而儒家的文化、传统的文化恰好是强调血缘亲情、强调秩序、强调权威、强调和谐，所以恰好在这个时间，儒家文化满足了我们在意识形态上的空白，社会对长治久安和稳定的渴望，为共产党执政的合法性提供了强大的基础。另外从历史上看也同样是这样，历史有惯性，像高速列车，从辛亥革命到1949年，是革命以高铁的速度在运行，想停下来得有一个刹车阶段，所以1949年到1979年这30年，革命意识形态一直在被强调。从刘邦造反到汉武帝独尊儒术有70年的时间，从1949年中华人民共和国成立到十八大召开，接近70年的时间，基本上都是这样。在这个时刻恰好我们的主流意识形态也意识到这个问题了。从刘邦的造反到汉武帝的尊崇儒术这个过程非常值得我们思考，一个造反起家的农民英雄为什么能成为一个新王朝的开辟者值得我们思考。按照我的理解，当这批造反起家的英雄们夺得了国家机器之后，他立即面对一个强大的儒学的力量，要么他被这股力量同化，要么他自己完蛋。当然他是被同化，刘邦、朱元璋很快就被同化了。在解释农民起义失败原因的时候有一个观点，叫农民起义领袖蜕化变质，最后成为封建王朝的头子。他不蜕化变质行吗？你叫他继续革命吗？他能干得下去吗？所以，汉代人说"马上打天下，不能马上治天下"。"马上打天下"是革命意识形态，而"马上治天下"必须采用保守主义的意识形态，强调血缘亲情，强调等级秩序，强调君君臣臣，强调父父子子。共产党夺得江山之后，面临着和刘邦、朱元璋不同的两大局面：第一，一个强大的儒学的力量已经不复存在，被五四运动冲得稀里哗啦，所以当年刘邦面对一个强大的儒生集团，朱元璋也面临一个强大的儒生集团，而这个儒生集团的同化力是不可抗拒的。但是，当共产党成功之后，这个力量已经不存在了。第二，当共产党成功的时候面对的是强大的西方化的意识形态，这一点更是刘邦和朱元璋所没碰到的问题，所以共产党从革命党到执政党的转变异常艰难，要克服的障碍更多，直到现在，我们才能说基本上克服了，也还没有完全克服。这就是习近平总书记无论在曲阜讲话还是在国际儒联的讲话，反响仅限于学界和民间的原因所在。

二、以儒学为代表的传统文化能否拯救中国

上面指出了人文社会科学的近期走向，问题在于这种近期走向在多大程度上能够持续下去，也就是它的前景。换句话说，这种本土化的趋势能不能最终救中国？

我有两点认识需要提出来与大家讨论。一个是，我认为儒学要想最终拯救中国，必须首先走向世界，因为人类现在是在同一个地球村内生活，不是在一个个封闭的帝国内生活。而传统文化要想走向世界，并成为国际思想界的主流，或者是被国际学术界认可和尊重，我觉得只有一个出路，就是必须与在这个地球村内占主流地位的自由主义展开深度对话。

最近几年我参与了"尼山世界文明论坛"的筹备，第一届"尼山世界文明论坛"是儒学和基督教的对话，2016年准备召开第四届，是儒学和伊斯兰教的对话。2014年在山东大学召开了第三届"尼山世界文明论坛"，强调人类多元文明。在讨论尼山论坛议题的时候，我提出"尼山世界文明论坛"要想办成一个被国际思想界认可的论坛，它必须和自由主义这个占主流地位的思想流派展开深度对话。因为只有和主流对话才有可能成为主流，和主流对话即使失败了，不占有利地位，但这不妨碍你成为重大的思想流派之一。你和边缘对话，你永远是边缘，你成功了也是边缘。所以，"尼山世界文明论坛"要想在世界思想领域占有自己应有的地位，必须和世界上占主流的被西方主流思想界奉为旗帜的自由主义展

开对话。这个意见最后没被接受，但是《文史哲》编辑部2014年5月1日在济南举办了一个儒学与自由主义的对话，我们拟定的议题是"性本善还是性本恶——儒学与自由主义的对话"，这个对话至少从各种反响上来看获得了很大的成功。

我始终有一个信念，你和边缘人物对话，你成功了也是边缘人物。你必须和大家对话，和占主流地位的学者对话，儒学尤其要这样。包括"尼山世界文明论坛"，你不能光和基督教对话，不能光和伊斯兰教对话，因为这些宗教尽管在西方民间占有举足轻重的地位，但是在西方思想界并不占主流，处于主流地位的是自由主义，所以儒学必须和自由主义展开深度对话才能获得成功。

我还有一个看法，认为基督教、佛教、道教、伊斯兰教，都有一个共同的问题，它们都企图通过某种信仰、某种修炼而使个人得到解脱。佛教上西天，基督教升天堂，道教成仙，这都是个体解放，着眼于个人。世界上只有三种思想形态是有关于人类社会发展的理论，有自己的一套思想，第一是自由主义，现在西方政治、社会、经济制度的运行都是在自由主义的原则之下。第二是社会主义，马克思有一套社会发展理论，包括计划经济、政治制度、社会管理等。马克思的口号是"只有每个人获得最后的解放，人类才能够获得最后的解放"。它是无产阶级的阶级解放、人类共同体的解放，而不是个人的解放，尽管马克思的理想社会是一个自由人的联合体，但是他主张的是阶级的解放，他忧虑的是人类的命运。第三是儒学，儒学和道教、佛教的最大差异就是道教和佛教都是个体解放,当然,佛教在传播的过程当中,它受中国本土的影响要普度众生,但它本身都是个体解放。而儒学所关注的则是共同体的小康和大同,关注的是天下、人类的健康发展与和谐相处。应该看到,当前,在社会主义与自由主义的对话当中,社会主义已经处于不利地位,这个大家都非常清楚。关键是在社会主义的原则指导之下,或者是在一种被曲解了的原则之下,它创造的生活实践形态、生活的秩序、生活模式敌不过西方的生活方式。苏东的剧变,为此提供了一种经典案例。

现在一个新的对话已经开始,就是自由主义和儒学的对话,自由主义和儒学的对话谁胜谁负目前尚难判断。目前有一批纯粹的西方人向往儒家的学说。山东大学有两个老朋友,一个是安乐哲先生,他和杜维明先生齐名,包括杜维明先生,绝对是在自由主义阵营之内反戈一击,崇尚儒家的学说。另外一个是贝淡宁先生,目前在清华大学任教。贝淡宁先生也同样是这样,是从自由主义的阵营当中杀出来的。他们是把儒学作为信仰,我们国内很多人是把儒学、把传统文化、把国学当作饭碗,当成职业,境界完全不一样。依我个人的看法,自由主义和儒学的对话谁胜谁负很难说,儒家对于人类社会理想、仁义礼智信的那一套观念在多大程度上能战胜自由主义的理论预设、个人主义的理论预设很难说,假以时日不好说,也就是说我们人类的未来,到底是会按照自由主义的原则来组织,还是按照儒家的基本原则来组织,现在不好说。《文史哲》杂志前两年开辟了一个专栏——"选举政治与贤能政治:儒家的未来"。贤能政治这个概念是贝淡宁先生提出来的，他要用贤能政治这个概念去对冲西方的选举政治，当然他举了一些例子，如奥巴马在这之前没有管理国家的经验，通过选举他杀出来了，贝淡宁先生说中国这些部长、国务院副总理、国务院总理、总书记的产生，这一套选拔体制优于西方的选举政治。贝淡宁先生这些人，认为西方一人一票的选举政治有巨大的问题，他也许夸大了，因为他生活在西方，他厌倦了，他认为选民并没有这么多人参与，而且不像中国的严格考核。当然，他的这些话我们也可以将信将疑。但我2013年参加"上海论坛"，有个埃及驻美国大使，被作为学者邀请过来，他也大谈美国选举政治的弊端。这就是贤能政治与选票政治，一个儒家的概念和一个自由主义的概念的深度对话。但是，《文史哲》杂志上的这个对话没能进行下去，因为现在在中国找不到一个典型的自由主义者。我需要一个典型的自由主义者，他能把儒家学说的那些问题、毛病都能看得很清楚又能淋漓尽致地表达出来。搞这个对话的时候，想找的儒学专家多的是，但是想在中国找一个典型的自由主义者目前找不到。这个对话没有办法进行下去，我想找一个人能从自由主义的角度，把儒家选贤任能的弊端揭示出来，指出问题在哪里，还必须既有实证材料，又有理论上的说明，但我找不到这样的人。由于没有这样一篇重量级的文章，像贝淡宁这样一拳就打个空，打着打着就没有激情了。像这样的对话应该多多开展，应该深度对话，这两种选拔官员的体制、选拔领导人的体制，它的弊端、优势在哪里，这种对话应该是儒学与自由主义的对话之一。

另外还有一个对话主题，是自由市场与国家干预的对话。我们的经济究竟怎么样管理更好？自由主义者认为市场自己会修复，市场自己会趋利避害，达到一个均衡，然后让大家都能接受，国家最好不要干预。干预主义者，像美国的凯恩斯，他主张干预，强调国家干预、计划经济和政府的作用，这个应该对话。西方是市场主导型，中国获得巨大成功的本质是政府主导型，这个道路是典型的中国道路，这个道路的弊端在哪个地方，它能不能持续下去，这个都需要对话。

像个人主义与社群主义或集体主义的对话，应该进行下去。三权分立与党的领导也可以对话。儒家学说要想获得世界性的地位，除了和自由主义展开深度对话之外没有其他出路。它不在于你研究多少，也不在于你是不是办读经班、国学班、书院、儒学研究机构、传统文化研究机构，关键是你能否在基本原则问题上和世界占主流地位的自由主义展开深度对话，这样才能获得世界性的影响。

这个对话涉及较大的一个问题是，儒家学说是不是传统的？而自由主义是不是现代的？自由主义和儒家学说的对话是不是传统与现代的对话。这个需要讨论，我感觉我们以往的理解是有问题的，换句话说，自由主义与儒家学说的对话是不是农耕文明与工商文明的对话，我觉得我们在理论上得解决这些问题，不解决我们的对话就没法进行，假如说儒学与自由主义的对话是传统与现代的对话，那怎么对话呢？毫无疑问大家都会拥抱现代。假如自由主义和儒学的对话不是工商文明和农耕文明的对话，而是两种文明形态的对话，是两种对等的、并列的治国理政的学说之间的对话，那就是另外的问题。100年前，我们发现了儒家文化的时代性，从此我们老是认为儒家学说是中世纪的学说，而自由主义是现代的学说，这种理解弊端非常大。后来像庞朴先生这些人发现了儒家文化的空间属性，认为它是个民族的文化形态，不是一个落后的时代文化，而是一个带有永久的、独特追求的、独特的价值指向的一个文化形态，它永远不会被现代社会所同化。假如把儒家文化放在这个层面上去看，它和自由主义之间就是对等的。

这就是我要强调的一点，即儒学和自由主义必须展开对话，儒学才能获得世界性的地位。这个对话实际上从牟宗三先生那里就开始了，我们现在应该在新的时代条件下，将这个对话更大规模地继续下去。

儒学能不能最终拯救中国尤其要体现在另一点上：儒学要想主流化，成为21世纪的主导价值观，必须根据自己的基本原则去创造出一种高于自由主义的生活方式。儒学要想获得生命力，不是在讲堂上，也不是在研究院，也不是在研究所，它必须根据自己的原则去创造一个优于自由主义的生活方式，让人们认为这种生活方式更好，生活得更舒服。这是全部问题的核心。儒学能否复兴，不在讲堂上，不在读经班，不在书院，而在生活实践上，我们必须创造一个生活方式，这个生活方式是高于美国的，是高于自由主义的。许多人认为美国的生活方式不大好，没有人情味，尤其尊老不够，彼此的权利义务过于清楚。我们发现按照自由主义原则建立的生活方式有问题，但我们能不能根据儒家的原则创造出一个更富有人情味的、长幼有序、兄友弟恭、父慈子孝、温情脉脉、讲信修睦这样一个生活方式呢？如果能创造出来，儒家就有强大的生命力，否则免谈。假如我们培养出来的都是君子，彬彬有礼、富有教养，那不是很好吗？关键是我们能不能创造这样一种生活方式。我感觉我们曾经创造过这种生活方式，就是中国的唐代，当年在长安居住的外国人，那些外国人很向往中国的这种生活方式，那是按照传统文化的基本原则、儒家生活的基本原则创造出的一个让当时的其他各国感到最好的生活方式。我一直认为，当年的唐代就是现在的美国，大家都自发地来学习，不需要强迫，这种生活方式是可以效法、可以复制的。今天的韩国、日本，都采用过这种生活方式。我们今天能不能再造一个礼仪之邦，这一点攸关儒家的生命。

我一直主张，要重建中国礼仪之邦。重建礼仪之邦可从重建礼仪山东开始，不但要建礼仪山东，还要建仁义山东，我们就在山东试试。我的研究院同事曾振宇教授连续在政协会上提案，要创建曲阜文化特区，重建一种生活方式，你要了解一种典范的儒家的生活方式，你到曲阜去看看，就像你想了解改革开放到深圳去看看一样。山东大学王益民教授曾发表过一篇文章《中国传统文化与东方伦理型市场经济》，我觉得很有价值，我们的市场经济不是在西方展开的，而是在中国伦理网络中展开的，使无情的市场经济带有人间温情的色彩，有什么不好呢？伦理关系在市场经济当中是有害的还是有益的？值得讨论。中国有一句话："君子一言，驷马难追。"按照儒家的概念来说，中国人重然诺，守信用，有什么不好吗？西方重契约，很好，中国重然诺，有什么不好吗？为什么要废弃、批判呢？纸币早在宋代就出现了，那完全是建立在守信用、重然诺这样的儒家原则之上的，儒家这样的原则能和西方的契约精神互补起来当然更好，所谓的东方伦理型市场经济如果有这些因素，没什么不好。曾经有人写过一篇回忆，说在西南联大时期，1943年左右，有大批的北方人逃到西南，当时的政府也不大管用，这些逃到西南的人最后几乎全部消融在朋友当中、亲戚当中、老乡当中，没叫政府出一分钱。现在我们也是这样，一家有难周围人都帮助。甘阳先生曾经写过一篇文章，说中国20世纪90年代中期有大批国营企业的工人下岗，当时叫买断工龄，这一批下岗工人多数是靠亲戚朋友的接济渡过难关，帮助国家解决了这个困难。我们中国人有一句话："在家靠父母，出门靠朋友。"有什么不好吗？很好啊。这些原则没有错误，能不能把这些元素都融到按照儒家的生活原则来构建的那个崭新的生活方式当中去？我们能否创造出这样一种生活方式，这个生活方式既能吸收社会主义的平等元素，又能吸收自由主义尊重个性、尊重隐私的元素，既有契约精神，又有人情味，这一点攸关儒家的生死存亡。

  以上就是我在儒学复兴问题上所持的立场。我的工作使我能够看清当前儒学复兴的问题所在，我们应该怎么做才更好，而不是一味地狂热。一味地狂热不好，西方中心主义不好，华夏中心主义就好吗？中国中心主义就好吗？自由主义不好，儒学就好吗？我们都要保持一个很冷静的态度，一个受过高等教育的人的首要品质，是你必须拥有理性。你和老百姓不一样，你和没有受过高等教育的人不一样，国家拿了钱叫你接受高等教育，你还和那些草根一样狂热、上街砸日货，那能行吗？作为一个受过高等教育的人，最重要的，第一，你必须有人文精神；第二，你必须得有理性，能克制自己，知道大局所在，你能知道哪个事情有危害性、发展下去有问题。

以上是我要谈的第二点，就是儒学能不能够持续下去，它的生命力何在，它的前景如何，我们应该怎么做才能光大儒家的思想和主张，才能成为主流。我对儒学未来的前景很看好，但是现在有些做法不行，没找到真正的方向，这个是需要大家坐下来共同讨论的问题。

三、儒学复兴、国学复兴的三大指向

第三个大问题，跟大家交流一下国学复兴和儒学复兴意味着什么？它在现在这样一种背景下复兴，它的指向是什么？它的含义是什么？我认为儒学复兴、国学复兴、传统文化复兴、中华文化复兴指向三个东西：第一，主流意识形态，即马克思主义；第二，西方中心论；第三，现行的学科设置。下面我分头谈一下个人的想法。

习近平总书记关于儒学的一系列讲话，关于传统文化的一系列讲话所引起的巨大反响迄今并未止息。他的讲话事实上提出了一个重大问题：这就是马克思主义与儒学的关系。

《文史哲》编辑部从今年开始和《中华读书报》联合评选"年度十大人文学术热点"。我们的初衷是要介入人文学术重新主流化这个过程，从我个人的角度、从杂志的角度、从一个人文学者的角度，我们要推动人文学术的主流化进程往纵深发展。在这个考虑之下，我们和《中华读书报》联手评选"2014年十大人文学术热点"，这个评选于5月1日发布，发布之后反响强烈。其中有一条是习近平总书记2014年在人民大会堂国际儒联会议上关于儒学的讲话。大家在拟这个条目的时候，把落脚点放在哪里，一时颇费斟酌。我们要用100~200字把这一个条目的入选理由解释出来。最后我们把落脚点放在习近平总书记讲话引起的强烈反响上，认为这事实上再次提出了马克思主义与儒学的关系问题，从而引发空前关注。

光就儒学谈儒学不要紧，关键是儒学和马克思主义的关系如何处理？这一直是个问题。习近平总书记在各种各样的场合同样更强调辩证唯物主义，同样更强调马克思主义，这个有目共睹。我个人不赞成在倡导儒学的同时拒绝马克思主义。在这个大过渡时代，把握当前社会转型、把握这个大过渡时代的最好的理论工具、最好的分析工具是马克思主义，不是自由主义，更不是儒家学说。在此试举一例，马克思当年说过一句话，当然他是引用别人的话：资本来到世间，每个毛孔都滴着血和肮脏的东西。大家看现在，到处都是资本的狂欢、资本的盛宴、资本的凯歌行进，每天都是他们的欢呼。原来被我们看作是十分抽象的资本就在我们生活中间，每天都在发挥作用，而且发挥最大的作用。我们到处都看到资本的作用，十分可怕，恰好在资本凯歌行进、在我们的社会扮演最重要的角色、我们进入资本黄金时代的同时，高等教育却放弃了《资本论》。《资本论》的课没人开,学生也没人选这个课,我上研究生的时候专门选修《资本论》,是经济系开设的一门选修课,我从头听到尾,现在肯定没人听。恰好资本的作用在中国达到登峰造极的时候,资本每天在我们身边扮演重要角色的时候,我们放弃了马克思的《资本论》,正常吗?我有一个看法,马克思主义学说有各种各样的问题,但马克思的学说最能解释我们目前的大过渡时代,因为马克思的落脚点是要解释从资本主义到社会主义的过渡,他为了解释资本主义的暂时性,又不得不重点探讨从农耕社会到工商社会的转型,《资本论》就是代表作之一。在我个人看来,马克思的学说或者说马克思主义是分析我们身在其中的这个大过渡、大转型时代的最好的理论工具、分析工具,最好的理论框架。什么自由主义,统统都不能解释这个时代,它们只能解释这个大过渡完成之后,像美国这种比较成熟的典型的自由主义国家,但是它恰好不能解释这个过渡时代。我们身处其中的自由主义占主流的生活方式,它是怎样运转的,这个没有问题,自由主义可以解释,但是从农耕社会到资本主义社会的过渡、到自由主义的生活方式的产生,它是怎样在封建社会的母体之内一步步地孕育出来的,不能解释,恰好只有马克思主义才能解释。

大家经常看到拆迁与城市扩张,每当看到城市扩张所导致的那些灾难后果的时候,我心里就想到马克思说的一些话。马克思说从封建生产向资本主义生产的发展,是以剥夺小生产者为前提的,这种剥夺的基础、这种发展的基础是以对农民的剥夺为前提的,这种剥夺目前只有在英国完成了,而西欧各国正在经历英国已经完成的过程。马克思在谈到俄罗斯的时候，说假如俄罗斯想要按照西欧各国的先例来发展的话，他除了把农民变成无产者之外，再也没有其他更好的办法，他首先剥夺农民，所以马克思、恩格斯都强调，资本主义社会市场的出现必须有一大批一无所有、一点生产资料都没有而除了出卖劳动力之外没有其他更好的东西的那样一批无产者。按照马克思的说法，资本无孔不入，如果有百分之百的利润它会干什么，百分之二百的利润它会干什么，百分之三百的利润它会干什么，马克思说资本会灭掉所有的良知，丧失天良，这就是马克思说的资本从来到世间，每一个毛孔都滴着血和肮脏的东西。我认为马克思主义是我们目前这个社会特别是理论界不可缺少的一个分析工具。这绝对不是政治表态，这是本人学术研究经历的感受。我也读过哈耶克这些人的东西，感觉这些东西用来解释都不大行，都有各种各样的问题。

目前在对待儒学的复兴问题上所存在的"两头热中间冷"的问题，它的本质是如何处理马克思主义与儒学的关系这样一个问题。这个在20世纪90年代就出现了，现在越来越严重，历史学界的老前辈林甘泉先生在十八大之前发了好几篇文章，话说得很重，他说不能儒化中国，也不能儒化马克思主义，恰好我们现在理论界一部分人要做的工作，是把以马克思主义和儒学为代表的中国文化和中国的实践、中国的经验相结合。这在理论界分歧比较大，不少人痛心疾首。直到今天，这个问题怎么平衡仍然是个巨大的问题。但是我跟大家实事求是地说，儒学热的出现、国学热的出现、传统文化的复兴在一部分人那里，确实带有挑战主流意识形态的考虑，不然不会这么热，一部分人很坚决。当然我们绝对不能怀疑这些人是否爱国、爱民族，相反，他们是从整个中华民族的高度来考虑我们当前所碰到的困境。他们认为马克思主义强调阶级斗争、强调暴力革命、强调消灭私有制、强调无产阶级专政，既不仁也不善，不如儒学。你看俄罗斯，俄罗斯把马克思主义的旗帜已经降下了，你看东欧，你看社会主义国家还剩几个？他们是从这个角度来考虑问题的，你不能说他们考虑的不对，有他们的道理。所以说真正的悲剧是善与善的冲突，不是善与恶的冲突。悲剧就在于双方都有合理性，双方都不能相容，这才是真正的悲剧。坚持马克思主义有充分的合理性，提倡儒学、国学复兴也有自己的合理性，两个合理性之间的冲突，这才是一些最重大的问题的由来。

　　第二点，西方中心论。对西方中心论的挑战，在学术界也早就开始了，包括在西方自身也早就开始了，但是在中国，它的确有特殊的内涵。这就是民族自豪感、民族自信心的确立问题。大家都知道一部电视政论片《河殇》，那是当时典型的全盘西化的代表，这个作品要放弃黄河文明，它认为黄河文明代表着一种农业文明，而农业文明是被超越的、是落后的，甚至于是腐朽的，我们应该奔向大海，奔向蓝色文明，全盘西化，是反传统的，更是反国学的。对西方中心论的挑战从1989年就开始了，但20世纪90年代恰好是西化最深入的一个时期。自由主义在中国长驱直入，在理论界占据一个相当的地位恰好是在20世纪90年代实现的。所以全盘西化的20世纪80年代固然以西方中心主义为自己的理论前提，但复兴国学的20世纪90年代也同样是全盘西化特别发展的一个时期。真正的全盘西化倾向被遏制就是从所谓的普世价值这种概念提出来之后开始的。普世价值提出来之后，问题立即就产生了。

我感觉西方中心论有一个核心，它总是认为西方的道路是正宗、是正常、是正统，而非西方的，包括中国是特殊、是个别、是化外、是变种、是例外。我们总是在这样谈论问题，西方发展的道路是一般道路，而中国的道路是特殊道路，中国和西方的关系是一般和个别的关系，普遍规律和特殊道路的关系，这个问题非常严重。当我们这么提出问题的时候，正显示我们仍在西方中心论的掌控之下。这一点我个人认为在目前已经遭到根本性的颠覆。这一点理论界非常清楚，特别是国学热的出现，我甚至感觉已经出现了从西方中心主义走向华夏中心主义这样一个倾向，认为我堂堂的中华民族比世界上其他民族都优越，都高人一等，比西方人更好，更有优越感，更标准，更具一般性质，西方人固然经济行、政治行，但文化不行，很多现象都带有这种倾向，文化上的优越感非常强烈。但是这样一种观点有它正面的意义，瓦解了至少是两三个世纪以来所形成的西方中心论，这是积极意义，包括国学复兴。铺天盖地的国学热、读经班的另一面意义是带有拒绝西方中心论的意义，这是我们必须看到的。他们认为整个20世纪打开国门之后，西方的学说就像洪水猛兽一样把中国的传统文化、传统的礼仪、传统的伦理冲得稀里哗啦。一位老先生说，20世纪占统治地位的是社会达尔文主义，所谓社会达尔文主义就是弱肉强食，适者生存，而社会达尔文主义加上以阶级斗争为纲，严重破坏了我们的人文生态。我个人感觉，国学热的出现在相当大的程度上带有拒绝西方中心论的这样一种含义。我们现在找不到典型的、纯粹的、彻底的自由主义者，为什么呢？中国的自由主义者也意识到西方中心论的危害，他们认为自由主义和儒学这中间没有矛盾，为什么不能联手呢？所以说，拒绝西方中心主义现在已经成为知识界共同的底线。另外什么叫中心，中心本身也被颠覆、解构了，也被质疑了，哪有中心？谁是中心？纽约是中心？伦敦是中心？还是北京是中心？都是问题。我们长期以来之所以认为伦敦是中心、纽约是中心，和西方中心主义密切相关，和20世纪这样一个特殊时代密切相关。就像"中国"这个概念一样，"中国"就是中原中心主义，我是中央大国，你们都是四夷，还有更难听的名称，你看中国历史上对那些少数民族都加个"虫"字，那个概念，是典型的中原中心主义。这个中心主义本身现在已经被瓦解、颠覆了，中心本身已经被解构了。这些都是问题，都是人为构造的结果，都是观念锻造的结果，它不是先天就有的，是逐渐构建出来的，是大家逐渐认可的一个东西。

儒学复兴或者说是国学复兴的第三个指向，是挑战现行的学科设置、学科体系、学科框架。我们现在的学科设置、学术分类都是西方的，中文、历史、哲学、政治学、法学、经济学、人类学、社会学全部都是，我们现在的学科框架、学科分类体系都是从西方传播过来的，当然有好处，而且好处非常大，不然的话，我作为一个大学生到大学来学习，你要是不分科的话我怎么开始我的学习过程呢？我必须把一个完整的学问切割成物理、化学、生物学、医学、信息、计算机，然后把大家分门别类装到某个箱子里，你在这一块学习，他在那一块学习。中文、历史、哲学、外语、政治学、法学、经济学、新闻学等，这一套分类是西方现代学术分类，有它的好处，而中国传统没有这种分类，中国传统是四部分类，经、史、子、集四部分。在中国的四部分类当中，我不知道大家观察没观察一个现象，经、史、子、集只有一项能和现代的分类直接对接，剩下全部都不能对接，这就是历史学。经、史、子、集有历史，西方现代学术分类中也有历史，所以20世纪的这些大学问家没有一个不是在历史学领域，胡适、傅斯年、顾颉刚、陈垣、陈寅恪，你要找哪个不是历史的，很困难。而在中国找个哲学家很难，别人说只有金岳霖先生，我不清楚。经学和什么对接呢？不知道。诸子学和什么对接呢？不知道。集部和什么对接呢？也不清楚。换句话说，经、史、子、集，除了历史之外，其他各类必须经过一系列中间环节才能和西方现代学术分类对接，还没对接完几十年就过去了。只有历史在20世纪是个非常繁荣的学科，为什么呢？他不经转化，从古代的历史就可以直接进来了，对接了，从传统进入现代，在历史这个通道里面是没有障碍的。所以我跟大家说四部分类和西方学术分类之间有非常大的问题。

剩下一个问题，国学是个什么概念呢？据说国学作为一个一级学科，现在已经开始在教育部挂号了，马上要开始国学专业的招生。当年纪宝成先生这批人呼吁了几年要为国学在教育部落户口。儒学高等研究院也有研究生,也有本科生,本科生是尼山学堂,尼山学堂学生授学位就出现问题了,因为在教育部的学科分类当中没有儒学,尼山学堂的学生怎么办呢,如同其他学校一样,我们现在也只能采取一个委婉的办法,你愿意学历史,我给你授历史学位,你愿意学中文,我给你授中文学位,你愿意学哲学,我授给你哲学学位。将来有国学这个学科了,儒学毫无疑问是在国学当中。而中国现行的学科分类,一个非常大的问题,就是它用现代的学科分类肢解了中国完整的古典学术。比如说《论语》,《论语》是历史吗?是文学吗?是哲学吗?是思想史吗?是政治学吗?既是又不是,没办法分类,按照现行的学科分类,这三个学科把中国古典学术基本上切割了,儒学的研究和教学,在中文系叫古典文献,在哲学系叫中国哲学,在历史系叫中国思想史,大家研究的都是儒学,但是三家都分开了,所以说现行的学科分类在相当大的程度上把完整的古典学术加以切割,我把它叫作"三家分晋",就像战国年间的变法一样,把一个完整的儒学车裂了,国学也车裂了。现行的学科分类尽管没有太大的问题,但存在着巨大的局限性,中国古典学术无法完整地对接到现代学术当中去。所以现在高等院校纷纷办国学班、儒学班,一个很大的问题就是看到了现行学科分类的局限性。比方说琴棋书画怎么办,花鸟虫鱼怎么办,经学怎么办,子学怎么办,往哪放呢?有很多分类没办法做,我个人感觉国学这个学科的概念,这样一个国学热的出现,是对现行高等院校占统治地位的学科分类的一种抗拒、质疑，当然从正面的角度讲是一种补充。

当前学科发展的一个大趋势是淡化学科、突出问题。山东大学从前年开始到去年连续招聘了一批院长，我在那做评委，我发现如果这个学者不说我是学生物学的、电子信息的，我简直无法判断这些学者自己的专业方向是什么、他的学科背景是什么。为什么呢？因为他们解决的问题都是一样的，比如攻克癌症。这就出现一个问题，学科在目前越来越只具有教育学的意义，而不具备科研的意义，它甚至于已经对现有的研究造成了巨大的伤害。教育学的意义是什么呢？学生进了高等院校，不能什么都学，我得暂时把你分开。所以我主张《文史哲》杂志要发表那些非文非史非哲、亦文亦史亦哲的文章，因为《文史哲》要发表历史的文章赶不上《历史研究》，要发表哲学的文章赶不上《哲学研究》，要发表文学的文章可能赶不上《文学评论》，但《文史哲》的好处是总有一批课题，既不是中文也不是历史也不是哲学，恰好它又是中文又是历史又是哲学。这个概念是什么呢？恰好就是儒学，恰好就是国学，所以我是说，现行的学科分类已经到了非改革不可的时候。

我前些日子接到一家大报的约稿电话，让我谈谈学科建设，我说这个稿子一定写，我正好有一肚子话要说。现在学科设置、学科壁垒越来越具有消极的意义，不带有积极意义。学者的研究，我不能说你是研究经济学的、政治学的，关键是你要解决什么问题？要紧的是解决问题、发现问题、研究问题。我在《文史哲》编辑部经常说，我们应该以问题为平台整合学科，而不是以学科为平台切割问题。当前的国学热，要反抗现行的学科分类，或者说要让教育主管部门调整现行的学科分类，而调整现行的学科分类是个世界性的问题，不光是中国问题。所谓跨学科研究、交叉研究已经成为潮流。问题在哪里？问题就在于现行的学科壁垒影响了人们对真实问题的追求。离开了整体的脉络，谈什么经济学问题、政治学问题、社会学问题？不可能的事情。

这是今天我给大家讲的主要内容，我认为国学复兴带有深刻含义，它已经变成一个运动，大家不要轻看这个运动。我们今天在这里讲话，窗子外边不知道同时会成立多少儒学研究机构，不知道会建立多少书院，不知道又有多少少年、多少儿童走进读经班。我是要帮助大家理解我们身处其中的、窗子外面正在变成现实的那个强大的变迁过程本身，从而在让我们置身其中的同时，了解我们所扮演的角色并把握未来的趋向。

最后，还有一句话要说，这就是，儒学的生命力不取决于儒学本身，而取决于中国道路、中国模式能不能最终取得成功，这就是我的结论。

另外，我今天所讲，只是陈述事实，不判断是非，希望大家能够谅解。也就是说，我不说这个事情好还是不好，对还是错，我只给大家陈述我所观察到的事实。当然我的观察是有限的观察，带有我个人的局限性，这一点希望大家能够了解，并请批评。

作者附记：本文是2015年7月10日在山东省"全省社科理论骨干和高校哲学社会科学教学科研骨干研修班"上的演

讲记录，研究生汤莹根据录音转换整理，整理稿完成后，笔者又进行了校阅和修订。

(原载《清华大学学报》2016年第2期)

把中国"中国化"

——人文社会科学的转型之路

十八大之后,中国人文社会科学领域如同中国社会一样,所发生的一个最为重大的变化,就是西方化进程渐趋终止,延续了近30年之久的西方化发展取向得到坚决扼制。如同人们所观察和感受到的,近若干年,整个中国的精神气候、文化气候、学术气候,的确正在发生深刻变迁,整个中国社会的语境正在被重构,整个中国本身正在朝着更加本土化的方向迅跑。

受这一变迁影响最大的领域无疑是西方化最深刻、最彻底的那些领域,就人文社会科学而言,这一趋势对经济学、政治学、法学等学科的左右可能最大。所以,笔者曾经断言:"文革"结束以来,社会科学高速发展繁荣的局面已告一段落,至少已进入一个发展大大放缓的新阶段。因为所有社会科学背后的预设都是自由主义,而自由主义在今天已处于一个受限制的状态,因而这些学科陷入了一种前所未有的困境之中。

那么,这些学科今后何去何从?如何选择各自的发展方

《把中国"中国化"》书影

略?主要出路在哪里?本次演讲对此试作探讨,以作引玉之砖。

一、面向本土:当前人文社会科学的主要任务是加速转型

与整个中国正朝着更加本土化的方向发展这个大趋势、大走向相适应,当前的人文社会科学事实上也面临着一个向

本土化转型的巨大挑战。

这应该是一个艰难的转型,其难度不亚于中国社会的转型。因为我们的人文社会科学学科体系,是20世纪初以西方特别以欧美为蓝本建立起来的,这个结构体系的所有层面和板块主要是西方的,包括所有的研究范型、理论工具、方法路径、设计旨趣均是西方的,基本上是一种全盘性的横向移植。在我们本土的学问分类中,只有一门学科能和西方学术分类直接相通,这就是史学,其余全部存在一个调整与转变的问题。由于没有相应的基础,移植过来的这些学科绝大多数都是白手起家、从头开始。尽管经过一个世纪的转化、适应和积累,但这些学科的西方化气质并无大的改变。

20世纪初中国学界对欧美学科体系自觉不自觉地全盘接受,意义巨大,功不可没,是中国学术从传统向现代的结构性转换,而且这一来自西方的人文社会科学体系迄今无疑仍有巨大价值,今后很长时间仍会被沿用。现在的问题是,我们能否利用西方学术分类这一框架,使这一学术分类的研究内容和对象转向本土经验?换句话说,我们能否把政治学、经济学、法学、社会学、管理学,甚至中文、历史、哲学等学科工具化,统统变成认识转型期中国的利器,与此同时,重构或重建这些学科本身?如同前面所说,社会科学高速发展的局面已告终结。我们现在能否把社会科学所遭遇的这一严重困境变成凤凰涅槃的重大机遇?在我看来,上述问题的解决完全可能,而出路就是本土化。也就是说,当前占主流地位的这一学科体系仍有自己的巨大发展空间,关键是调整方向,这个方向就是中国经验。从较长时段来看,这些学科的生命力和出路,就是把自己的注意力和精力集中到对中国经验和中国转型问题的探讨上,从而指导并诠释这个转型,并向全世界提供对这种转型的说明和概括。

无论从哪个角度看,中国近30多年来的快速工业化进程都是惊人的,在近30年间,中国不但基本完成了从延续了5000年的农耕社会向工业社会的深刻转型,用一代人时间走过了西方二三百年所走过的路程,而且这种转型走的还是一条迥异于西方的独特的工业化道路。这条独特的工业化道路,给人类社会向工业社会转型提供了哪些西方没有的东西?这条道路颠覆了哪些基于西方经验的社会科学结论?这条所谓中国道路的特征和问题在哪里?在西方如此不看好中国的政治体制、社会体制的背景下,而恰好在这30年,中国成为第二大经济体,奥秘在哪里?准确地回答和诠释这些问题,正是当下中国哲学社会科学各门类的广阔用武之地。

这也就意味着,经济学、政治学、法学在更强烈地面临一个本土化的转型,这个本土化转型的本质就是把中国经验升华为一般的理论原则,从而丰富、补充乃至部分修订被我们视为普适规则的若干经济学预设、政治学预设、法学预设。无论我们当前的社会科学能否认识到这一点,也无论认识到后短期内能否做得了,但有一点是确定无疑的,本土化转型是中国人文社会科学的唯一出路。

从这样一个角度看,当下我们高校正在进行的"双一流"计划,就不是一个推动学科转型,而是一个加速学科建设的计划。而这种所谓学科建设在我看来,既是影响、制约学科转型的最大障碍,又无法实现所谓"双一流"的目标本身，因为只要你现在仍在原有轨道上建设、运行，就不可能实现"双一流"，当然自然科学或许可行；换句话说，只有你转型了，才有可能成为一流，不转型，老是跟在人家的后边走，怎么可能成为一流呢？顶多是二流，而且永远是二流。当前人文社会科学的主要任务是推进原有的学科建设还是加速学科转型？看来确实需要我们认真检讨一番。

很长时间以来，学科建设似乎已变成学科存在的最高价值，甚至是唯一价值，这很不正常。学科建设曾经是积极的，分科治学曾经具有巨大的合理性和巨大的学术史价值。这一点在20世纪80年代基本上是正面的，因为此前30年基本上没有自觉的学科建设，没有自觉的学科意识。在长达30年的时间里，所有的学科均已成为意识形态的分支，似乎没有自身存在的价值。当时既没有独立的学术，当然也就更没有独立的学科建设可言。呼唤学术独立遂成为80年代特别是90年代的强大思潮。

不过，学术独立不是独立于社会，不是独立于时代，不是独立于现实。80年代的学术独立思潮最后一步步地走向学术拒绝社会、拒绝现实、拒绝时代的道路。当前被神化的学科建设实际上就是这种学术独立思潮登峰造极的结果，它已成为学者新造的豪华象牙塔。越来越多的学者躺在这个新创造出来的豪华象牙塔里备享物质极大丰富所带来的种种好处，而日渐淡忘学术本应回报社会、回报时代，应该关注、思考国家和民族的命运！

这里的关键在于，人文社会科学各学科究竟是面向问题，支持对问题的研究，还是强化自身的存在？很久以来的做法是只关注学科自身的建设，而忘记学科的存在是为了解决问题，是养成解决问题的能力：经济学是为了解决资源如何配置以及由此带来的发展问题，政治学是为了解决社会管理中的制度安排问题，法学是为了解决社会的公平正义的实现问题，军事学是为了解决战争和国际建设问题，等等。学科的设置和建构本来是为了更好地解决问题，分门别类、分科治学是为了研究问题，现在却越来越本末倒置，乃至舍本逐末，弃本就末。

要而言之，分科是为了治学，但治学不是为了学科，更不是巩固分科，而是为了更好地解决问题！相对于问题、相对于研究对象，学科的存在本来只具有工具的意义。然而，现在的学术界却像一个不负责任的外科医生一样，每天只沉溺于对手术刀的打磨、把玩和观赏，而忘了手术刀的用途是为了解剖、是为了救死扶伤、是为了解除人类的痛苦，完全异化了：手段变成了目的本身，工具变成了本体，一切都反转过来了。

譬如，笔者所在的史学理论学科，近20多年来日益从历史本体论走向历史知识论、历史认识论，从历史理论走向所谓的史学理论，也就是说越来越放弃了对历史进程本身的理论研究，走向对历史认识过程的研究。经济学是否也是如此？越来越重视所谓学科建设，越来越轻视、忽视乃至无视对外在经济现象、经济事实本身的探究，越来越不注意对独特的中国经验的探究，对独特的中国市场经济之路的探究。而与此同时，中国经济学科的学科建设却在高歌猛进。

现在学术评估的标准是只看论文的篇数、出版的著作、刊载论文期刊的等级和研究队伍的年龄结构、学缘结构和职称结构是否合理，而不问是否发现和解决了经济社会发展中的哪些问题。譬如，我们很少看到哪个高校，尤其是著名高校，以解决了多少实际问题、透彻地研究了多少外在事实为标准，来判断所在学校的经济学、政治学、管理学等的相对地位。而与此同时，近20年来，各个学科的所谓学科建设越来越红火，越来越轰轰烈烈，越来越好看！

不特此也，另外一个很值得关注的问题是学科的划分本身：现在的学科划分，越来越变得只具有教育学的意义，从分科治学变成了分科学习，越来越不具有推动科研的意义，或推动科研的意义日趋淡薄。从某种程度上来讲，现在的学科设置框架已只具有便于初学和入门的意义，而于高深研究者已无帮助，而于解决问题也无帮助，甚至于变成壁垒和障碍，变成楚河和汉界。

所以，当前的人文社会科学已经暴露出比较严重的问题：学科设置本身已经壁垒化、鸿沟化，已从推动学术进步的动力变为阻挡学术进步的障碍，但又没有更好的解决办法；学科建设已成买椟还珠，舍本逐末。可以说，当前的学科设置和学科建设联手强化了学科自身的存在，导致了对问题研究的割裂，乃至对问题研究的回避。其间的要害是：我们究竟是应该以问题为平台整合学科，还是以学科为平台切割问题？毫无疑问应该是前者。从以学科为本体向以问题为本体转移，是当前学科转型的要义之一，学科应成为问题的工具，应从本体化走向工具化。众所周知，数学早就工具化了，据说，物理、化学、生物学等也正越来越工具化。经济学、政治学、法学、社会学，包括史学、文学、哲学、人类学等，是否也应越来越工具化？成为研究与诠释中国问题、中国经验的工具？值得学界深思。

当然，学科建设与问题研究并非天然或绝对对立，旨在研究和解决问题的学科建设，永远是需要的、必要的。这里所强调的只是：问题第一，学科建设其次；所反对的是，本末倒置，舍本逐末，乃至有末无本，而这一点恰好是当前学界的主流。

总之，克服了一味追求学科建设重大缺陷的中国社会科学，应该把自己的主要精力和研究旨趣转移到中国问题上来，转移到中国经验上来，在中国本土上深耕细作。这就是我这里所说的社会科学的转型。人文社会科学应该尽早转型到更加透彻地解读和说明中国的道路上来，而不是一味地在远离时代、远离沸腾的现实的学院里搞所谓的学科建设。

二、把中国经验概念化：从出材料向出理论转变

那么，衡量一个学科转型是否成功的标志是什么呢？能否构建一套本土化或准确反映中国经验的概念术语系统，则是笔者这里所要强调的标准。就20世纪的大线索而言，无论中国与世界，占主流地位的可以说都是西方的概念或话语系统。我们知道，西方话语以自由主义的生活方式为其基本内容。但这一话语系统无法准确表述或完整呈现中国经验。西方话语之所以无法表达中国、阐释中国，就在于西方话语与自由主义密不可分，而在目前中国，占主流地位的生活方式

基本上与自由主义无关。而非自由主义的生活方式并不一定没有自己的价值，其价值并不一定没有普适的意义。

众所周知，中国有着和西方完全不同的历史、传统、文化、社会生活、语言符号。从根本上讲，中国的确需要另一种话语系统来讲述、来表达。但近百年来，由于受制于我们所移植的人文社会科学整体框架，我们都是竭力在追逐西方，用西方模型、西方话语来表述和表达中国，由此造成了一系列紧张。

以史学界为例，从一个特定的视角看，20世纪的中国史学界其实一直在跟着外国人的屁股转：甲午战争后到民国成立，我们的史学跟着日本走，以致有人说中国现代史学发源于东京；五四运动至抗战前，中国史学界又跟着法国汉学走，伯希和成为一代史家宗师；从战后到"文革"，中国史学界又跟着苏联走，莫斯科的史学家成为最高的权威；近30年特别是近20年来，中国史学界又跟在美国后边亦步亦趋，一批美国史学家特别是美国中国学家成为许多人的偶像。

一百多年的中国史学界心甘情愿地成为外国同行的追随者，这一方面实现了传统学术的现代转型，另一方面我们由此付出的一个沉重代价是对中国经验的忽视和疏远。更重要的是，我们在世界学术界中正心甘情愿地做初级学术产品的加工。如20世纪中国史学界的一个主流倾向是跨学科，是用社会科学治史，但这一主流的实质，基本上是用西方理论来整理中国材料，用西方概念来表达中国经验，用西方社会法则来统贯中国历史。

如同中国的相当一部分工厂正处在世界产业链的末端一

样，如今的史学界也一直充当西方学界的学术小工，像蚂蚁一样辛苦收集资料，然后贡献给那些西方巨匠，让他们去做理论化的工作，然后再把这些理论作为所谓的社会科学法则输入国内。如果这些法则与中国经验相符，倒也无妨，问题是这些法则无不与中国经验隔膜乃至背离。

上面历史学领域的状况，实际上反映了当前整个人文社会科学领域的普遍状况。中国经验已经十分雄厚，中国材料已经汗牛充栋，中国案例已经无法穷尽，形形色色的具体的微观研究成果也堪称如恒河沙数，但是，我们并未从这些东西中抽象出应有的中国理论、中国法则、中国定理、中国范式。由此，我们所得到的一个重大教训是，中国学界今后在向西方学界输出材料，输出初级学术产品的同时，必须尽快同步输出概念化和理论化的高级学术产品，这一点因中国国际地位的快速提升而变得异常紧迫。中国学坛正在成为世界学坛不可或缺乃至越来越重要的部分。从中国经验、中国历史中抽绎出来的中国法则，也会越来越成为国际学术界的关注焦点。甚至可以断言，再过十年，随着中国的进一步发展，中国法则也将会随之获得更具普世价值的意义。我们必须尽快从世界学术界的学术小工，变成世界学术界的思想和理论大师。

所以，中国学界目前已经到了一个转变的关键时刻、重大时刻，这就是从出材料、出文献、出数据、出案例、出调研报告，向出理论、出思想、出概念、出话语、出方法论的转变，从实证向实证与思想并重转变，套用一句流行的话，中国的学术也必须从中国制造向中国创造转变。

中国学界在出材料、出文献阶段停滞得太久了，这本来是治教条主义之偏，却由此走上了以偏治偏的道路，而且越走越远，堪称背道而驰，反其道而行之，这同样是一条斜路，不是正道。近60年来的中国学术界，前30年是教条主义，后30年是实证主义、经验主义，教条主义固然不是正道，经验主义也同样不健康。

总之，从中国经验上升到中国理论的时刻已经到来，中国应该从材料、文献、数据中心向世界的理论中心、思想中心、学术中心或演变或前进。

下面仍让我以历史学为例，更具体地谈一点进一步的看法。众所周知，近30年来，中国史学界的主流倾向是厌弃理论、厌弃史观。长期以来，人们之所以远离历史理论、历史观，一个重要原因就是原有的历史理论、历史观，大多是从西方引进的，与中国历史本身有较大距离，甚至格格不入，也就是说对中国独特的历史道路没有解释力，何况，这些东西在西方学术界也早在20世纪前期即被抛弃。因此，要想恢复历史观特别是中国史观的权威地位，就要重建一种基于本土经验的中国史观。而且，重建这种基于本土经验的中国史观的条件和基础已经具备。

自"文革"结束以来，从上古到近代，一方面，中国史研究领域里的几乎所有知识点，都被学者们深耕细作过了，都被透彻地重新研究过了，也都被或深或浅地解释过了，并形成了一系列有颠覆性的局部认识；另一方面，历史学的整体面貌却依然陈陈相因，依然在前30年所形成的基本认识上打转转，中国史的整体叙事框架根本没有改观，这是值得反思的。笔者认为，问题就出在历史理论或中国史观的因循守旧、缺乏开拓上。

如前所说，应该看到，长期流行的中国史观或中国历史理论，基本上是欧洲中心论的产物，中国人对中国历史的研究，事实上长期在欧洲中心论的指导之下。即使当下的中国史学界，也是这样。这种局面造成了多方面影响，甚至在方法论上我们也只能受制于人。

中国史学界为什么非用从西方经验中提炼出的理论、概念和观念工具来研究中国历史不可？这是因为，任何经验研究、实证研究，都必须使用一定的理论模型、概念工具和思想资源，否则，寸步难行。问题在于，我们自己一直没有基于本土经验的模型、工具和资源，所以不得不借用他山之石来攻本土之玉。我们为何一直没有为具体历史所必需的模型、概念、工具和资源呢？说来话长，原因众多，其中一个原因，就是我们的史学界一直奉实证主义为圭臬，视综合概括和理论抽象为鸿毛。

大规模综合概括的缺席所导致的历史理论的贫乏，是当前中国史学界所面临的主要矛盾，是中国史学界继续前行的瓶颈。

如同刚刚所说，近几十年来，我们在所有的知识点上实现了刷新，我们积累了雄厚丰富的具体研究成果，我们又出土了大量简帛资料，我们的史前研究已使我们能更远地走向上古，但是，对所有这些东西，我们却未能同步地进行大规模的综合和概括，未能同步地进行抽象化和概念化的工作，从而也就无法形成中国史观或中国历史理论。

抽象化和概念化，是历史学研究领域里的重要一环，这一领域如同在经济学领域一样，光靠堆积材料和事实是无济于事的，因为材料和细碎的事实是如此之多，如果不经过去粗取精、由表及里、由此及彼、由现象到本质的抽象，如果没有概念的导引，我们就会被这些材料和事实包围而不得脱身，从而无法把握历史的本来面目。亚细亚生产方式、奴隶社会、封建社会、资本主义萌芽等概念，固然曾使我们的历史研究走了一些弯路，但这些概念给中国史研究的推动，却有目共睹、举世公认。我们现在所做的不是因噎废食，从抛弃这些不准确的概念走向抛弃概念化本身，在泼脏水时连孩子也一起泼掉，而是走向新的概念化之路，即基于中国的本土经验、材料和事实，重新抽象出一套新的概念系统，以指导对中国历史的进一步研究。

可以预期，基于本土经验的中国历史理论体系一旦形成，现在的普世主义世界历史叙事肯定将会大面积改写，中国道路、中国模式等也才能最终奠定在巩固的历史根基上。所以，致力于中国历史理论、中国史观的概括、提炼和升华，是当下历史研究的迫切需要。

由大规模综合概括的缺席所导致的理论的贫困，不但是当前史学界所面临的主要矛盾，也是中国史学继续前行的瓶颈，更是当前整个人文社会科学领域所面临的最主要矛盾和瓶颈。从历史学的实例上来看，现在人文社会科学界也应该尽早进入一个大规模综合的新阶段，也应该尽早进入一个大规模理论化的新时代。各学科的具体的学术研究成果均已经堆积如山，现在人文社科界最重要的任务是大规模的理论化和概念化。能否像当年马克斯韦伯一样，对中国、对中国文明和中国文化作出一些成体系性的大判断、大概括，提供一个富有解释力的大概念、大框架，看来是当下人文社会科学领域所面临的最大挑战！

三、世纪任务：锻铸哲学社会科学的中国范式

总之，中国学界应该把更多的心力、更多的时间用在研究中国问题、中国材料上，从而锻造一种哲学社会科学的中国范式，这个任务事实上早在20世纪30年代就提出来了。这实际上是一个未完成的世纪任务，未解决的世纪难题。

时任清华大学历史系主任的蒋廷黻先生当年曾针对中国学界现状指出："中国现在还有许多人不知道中国的政治、经济、社会，以及他们的历史是值得研究的，必须研究的，而且是可以研究的。他们看见欧美各国的大学有些什么社会科学的课程，也就照样建立这些课程学市政的或者知道纽约、巴黎的市政，但北平、汉口、成都的市政十之八九是不知道的。学'政制'的都学过英美德法的政制，好一点的连苏俄、意大利、日本的政制也学过，但中国政制呢？大多数没有学过；就是学过，也就是马马虎虎，知其然不知其所以然。学政治思想的，那一定上自柏拉图，下至拉斯基，都听过一遍；好一点的，还对某派某家做过专门的研究。至于中国的政治思想，普通不过看了梁启超先生的讲演集。学经济思想的，学银行货币的，学会计的，学经济史的，学社会史的，学民俗的，哪一个不是这样？我们的大学不是在这里为

中国造人才，反在这里为英美法造人才。"他由此认为，中国问题研究是一片急待开垦的新大陆。吴景超也主张："清华大学的文科，其职务不只在灌输学生的欧美的智识。大学文科的教员，应与学生一同研究中国的问题，使中国的社会科学，将来有独立的希望。"

当时，其实不止历史系、历史学科，也不止清华文科，当时整个学界、思想界，无论是学院派，还是行动者，都已意识到应向本土化、中西会通的方向发展。当年南开大学校长张伯苓明确提出办大学要本土化，吾人所谓土货的南开，即以中国历史、中国社会为学术背景，以解决中国问题为教育目标的大学。下文将要提及的燕京大学社会学，也明确提出了社会学中国化的主张。中国共产党人甚至提出了把马克思主义中国化、民族化的命题，毛泽东对教条主义和对言必称希腊罗马倾向的清算，堪称淋漓尽致。其中，最典型的是1937年前后学界兴起的学术中国化运动，这一运动标志着思想界在研究中国问题方面已经达到很高的自觉了。

当时的学院派在这方面似乎走在前面，不少学者已经把精力和关注焦点转移到中国问题、中国经验上来了。而这时做得最为出色、影响最大的，当属费孝通先生，他的众多成果，尤其是《乡土中国》堪称典范。1984年，他在此书的重刊序言中说，此书的成功就在于不是一个对具体社会的描写，而是从具体社会里提炼出的一些概念。如乡土社会、差序格局、礼治秩序、长老政治等，这些概念要回答的问题是：作为中国基层社会的乡土社会究竟是个什么样的社会？对于自己为什么着意于概念的提炼和概括，费老说："因为概念是我们认识事物的工具,是存在于具体事物中的普遍性质,没有概念我们无法把握和理解对象,搞清楚我所谓乡土社会这个概念,就可以帮助我们去理解具体的中国社会。"那么,费老这批先驱者为何要执意回答中国社会到底是一个什么样的社会这样一个问题呢?他说,他当年接受了社会学中国化这个学术主张;燕京大学的学生就是想通过社区研究达到社会学的中国化。社会学中国化是社会学的主要任务,目的是在讲清楚中国社会是个什么样的一个社会。

如果说,《乡土中国》等著作讲清楚了传统中国的基层社会面貌,《中国官僚政治》讲清楚了传统中国的政治体制,《中国封建社会》讲清楚了传统中国的社会结构,那么,经历了20世纪的革命和动荡,特别是经历了改革开放后的转型期中国社会、政治、经济和文化诸现象,现在讲清楚了没有呢,显然没有。

这并不是说,近40年来这些研究一点都没有进行,而只是说,大规模的抽象化、理论化、概念化工作尚未提到应有的高度上来进行。在这一点上,我们可以说尚未达到20世纪三四十年代的水平。

当然,可喜的局面事实上早已出现:如文艺学领域,远在十多年前就提出了文学理论的中国化和所谓失语的问题,主张从中国文论、诗论、词论、画论中提炼反映中国文艺经验的基本概念,而不是总在舶来的现实主义、浪漫主义口号下讨生活。历史学领域里的概念化工作也一直在进行,以欧洲中心主义为主导的历史叙事模式,对中国历史研究的妨害最大,特别奴隶社会和封建社会两个概念简直害苦了中国史学界，所以，用新的历史概念取而代之的追求早已成为史学界的共识，帝制时代郡县制社会等提法已开始流行。政治学领域，近来则提出了贤能政治这一中国化的概念，用来对冲西方的选票政治或民主政治。民本这个2000多年前的概念也被赋予新的内涵，禅让尚贤尚同等古老的概念似也已焕发出新的生机。经济学领域，东方伦理型市场经济的概念已提出，以《管子》为代表的一批杰出的古代经济学文献已经进入经济学家的视野。法学领域，以德主刑辅绝狱去讼为特色的中华法系遗产也正在得到认真清理。总之，当下各个学科几乎都在做本土化的努力。但笔者也必须在此指出，在本土化的程度方面，从中西互补的角度看，各个学科应该有若干差异，其中，人文学科本土资源最为丰厚，理应走在前列，但人文学科最需要国际视野；社会科学的国际化程度最高，因而更需要本土经验，这也是本文特别强调社会科学需要加快转型的初衷，尽管从需求方面看，中国社会、中国文化可能更需要西方的法治经验和市场经验。

当然，学界提出的上述概念，最后能否被认可和接受，是否真正有价值，尚有待更长时间的检验和过滤，现在下判断还为时过早，但有一点则十分清楚：把哲学社会科学基本概念本土化的追求，眼下正形成为一股巨大的思潮，正形成为中国思想界一种大势，这个大势无疑应该继续进行下去。在这一大势下，各个学科都应主要面对本土经验，重构基于中国经验、本土材料的系统概念，最后再整合为一种具有相当解释力、表达力的一套规范，从而在国际上造就一个有别于自由主义范式的人文社会科学的中国范式。

这个中国范式不但能讲述中国的30年，更要讲述中国的3000年，即从士农社会到工商社会的转型，因为这是一个延续了3000年，乃至5000年的庞大文明体的大转型、大过渡、大转轨，必须从头叙述，从头解释。在这个基础上，我们能否期待一种新文化的出现：就像两汉儒学汲取了道法名墨成就了自己，宋明理学汲取了佛教成就了自己，我们能否把自由主义的精华也汲取过来，从而更大规模地成就自己，形成一种崭新的中国文化？

总之，未来的中国哲学社会科学，应从实践上，创造一个克服自由主义缺陷或高于自由主义的以儒家价值观为基础的东方伦理型生活方式；从学术上，创造一种立足于中国传统与历史，又汲取自由主义合理内核的哲学社会科学的中国学派；从理论上，建构一个基于本土经验的中国哲学社会科学的概念范畴框架。而所有这些工作的总目标，就是把中国中国化，即创造一种从中国经验出发、以回答中国问题为鹄的，从而最大限度地尊重中国特点、中国文化、中国传统、中国材料、中国数据、中国案例的而且有别于自由主义的哲学社会科学的崭新范式，以逐步改变一百多年来把中国西方化这样一种趋势与现状！

当然，笔者也不能不在此郑重指出：如同中华民族的伟大复兴不能在闭关锁国中实现、中华文化的再起和繁荣不能在自言自语中完成一样，哲学社会科学中国范式的铸造，也不能关上大门在自己家里进行。一个有别于自由主义范式的哲学社会科学的中国范式，必须在与自由主义的对话中，并汲取了自由主义学科范式的所有精华之后才能建构出来，也才能最后走向世界。在这个过程中，西方中心主义固然必须抛弃，华夏中心主义尤不可取。哲学社会科学的中国范式，看来只能在他山之石与本土之玉的中间地带形成。

作者附记：本文系根据作者在2016年4月11日上海市第二十八期中青年理论骨干学习研讨班（中国道路与中国话语专题）上的演讲提纲整理而成，研究生宁腾飞参与了整理工作，若干学界朋友阅读成稿后提出了重要修改意见，在此一并致谢！

（原载《中华读书报》2016年9月21日）

迎接第三次学术大转型

古今中外,学术的发展总是由时代所推动,时代是影响学术发展最具决定性的力量。现代中国的学术发展就与中国现代化进程桴鼓相应。

1949年以来,随着中国社会、中国历史翻天覆地、波澜壮阔的巨变,中国的哲学社会科学已经完成了两次大规模、全方位、根本性的学术转型。第一次是1949年开始的从民国学术到共和国学术的巨大转型,第二次是1978年开始的从"以阶级论为纲"的哲学社会科学到"以现代化为纲"的哲学社会科学的巨大转型,而从党的十八大前后开始的正在经历着、进行着的第三次巨大转型,也就是"以现代化(西方化)为纲"的哲学社会科学正在向"以中国化为纲"的哲学社会科学的转变。这三次转型犹如学术史上席天卷地、此起彼伏的三波巨浪,构成了70多年来中国哲学社会科学发展的壮丽景观。

一、从民国学术到共和国学术的转型

民国学术,即通常所说的从五四运动至1949年的中国现代学术史，在某种程度上可以视为实验主义和马克思主义两大思潮的对抗史。大体说来，实验主义在民国年间特别是抗战以前居于正统地位、主流地位，马克思主义则处于边缘状态和半地下状态。民国时期重要的学术机构、学术团体和学术刊物大部分是实验主义的阵地，核心学术资源几乎全部被实验主义领袖胡适的门生故旧所掌控。

1949年后，随着政权鼎革，学术界也乾坤倒转，革命的胜利者夺取了学术机构的管理权、学术期刊的经营权和学术话语的主导权。从民国学术向共和国学术的转向已是大势所趋、不可阻挡。共和国学术对民国学术的置换，即是用马克思主义特别是用马克思主义中国化的成果毛泽东思想指导下的学术来取代以实验主义为思想背景的学术。中华人民共和国成立之初，大大小小与思想有关的运动，矛头最终指向的就是胡适的实验主义。1958年后，实验主义已被彻底打倒，在学术界声名狼藉，马克思主义、毛泽东思想取得了独一无二的权威。中国现代学术版图至此已被完全重绘。

民国学术与共和国学术从表象上看属于两个不同的历史时段，二者之间的差异实质上是两种由来已久的学术路数的分歧和对立。这主要表现为以下四个方面：第一，在学术与时代的关系上，前者执守"为真理而求真理"的为学理念；而后者则主张撤除学术与时代、历史与现实之间的藩篱，力倡学术向政治靠拢。第二，在理论与材料的关系上，前者强调"拿证据来""有一分材料说一分话""没有材料就不说话"；后者则强调理论预设的先决地位，尤其将其作为治学的首要环节，甚至认为"不用正确的理论来分析研究，史料等于废物"。第三，在宏观与微观的关系上，前者认为一个字的古义的辨识与天文学上发现一颗恒星有同等价值，主张小题大做，选题越小越好、越冷偏越好，走向极端者则沉醉于对细枝末节的追逐之中而不能自拔；后者则一直致力于研究社会历史与文化思潮的大变动、大关节和大转折，倾心于宏大叙事的建构。第四，在普及与专精的关系上，前者走的基本上是一种学院派的路子，注重研究高深学术；后者强调知识学问向大众普及，为大众所接受，发挥思想改造和精神动员作用。这两种学术路数的现代较量发端于五四运动时期，前者一度占据上风。而1949年之后的中国学术史，是民国学术溃不成军、共和国学术高歌猛进的历史。

这一时期共和国学术的显著特点是阶级观点的盛行和学术与政治的一体联动。可以说，此时大多数哲学社会科学研究直接从属于"以阶级斗争为中心"的思想路线，并一度成为这一思想路线得心应手的工具。哲学社会科学在这一时期发挥着"解释世界"和"改造世界"的双重作用，既被用来揭示和强调"原始社会结束以来的人类文明史都是阶级斗争史"，又用它来作为现实中正在进行的"阶级斗争"的武器。从"武训传批判"到"《红楼梦》研究批判"，从"胡适批判"到"胡风批判"，从"反右"到"文革"，这些一个接一个的"批判"，集中展示了哲学社会科学在这一时期的功能。如同改革开放初期人们所反思的：历史学只能讲阶级斗争，不能讲阶级社会是不同阶级的对立统一；只能讲农民战争对历史的推动作用，不能讲封建统治阶级也往往采取调节矛盾的措施；文学批评只能强调作品的政治性，不能强调作品的艺术性；只能讲阶级性，不能讲人性；哲学上只能讲"对立与斗争"，不能讲"折中与调和"。此时的哲学社会科学已淹没于弥漫一切的阶级斗争叙事之中。

早期共和国学术之所以呈现这样的特点和形态，导因于1949年之前形成的战时学术。就历史学来说，延安时期的史学研究基本上属于一种"战时史学"体系。延安的文学创作和文学研究也被纳入战时体制，带有鲜明的战时烙印。哲学同样如此。一言以蔽之，战时学术的特点是高度革命化。1949年后共和国学术很大程度上延续了战争年代创立的革命传统。抗战时期延安学术的影响尚局限于一定的区域之内，1949年后则辐射到全国。

当然，战时色彩毕竟只是此时哲学社会科学的一面，另一面则是省思战时学术，向专业化、正规化发展。战争的硝烟散去之后，学术研究在继续强调为当下的现实政治服务的同时，也面临着学科化的使命，学科化的必要性、重要性日益凸显。从政策层面而言，"双百"方针的贯彻实行为学术自身的建设提供了必要的氛围和空间。1949年后，一些马克思主义学者已开始自觉清算战争年代那种从一时政治需要出发研究学术的种种做法。范文澜等学者保持着清醒的学术头脑，试图将新学术真正引入科学的轨道。比较典型的就是历史主义思潮的兴起。历史主义是对历史学的基本纪律规范的强调，成为克服、抵制教条化、工具化的有力武器。20世纪60年代又出现了历史主义对阶级观点的矫正和平衡，尽管最后以失败而告终。翦伯赞强调历史研究的"三基"，即基本理论、基本知识和基本技能，力图扭转当时存在的种种偏颇，推动历史学的健康平衡发展。1959年，北京大学新设古典文献专业，旨在培养整理中国文化遗产的人才，整理中国古典文学、史学、哲学方面的文献。正如作为筹备人之一的翦伯赞所说："这样一个专业的设置，可以说把整理古典文献工作提到了它应该受到的重视的地位。"显然，这一措施与现实政治距离较远，却是哲学学术研究的一项基础建设。另外，一些学者对"以任务带学科"、将学科建设纳入政治任务轨道的做法表示不满，尽力维持学术研究的独立性、自律性。

学术研究的专业化离不开对包括民国学术在内的以往全部学术传统的吸收和继承。这就形成了民国学术与共和国学术之间某种藕断丝连的关系。"抽刀断水水更流"，民国学术仍残存在置身新时代的旧学人的研究中。譬如，郑鹤声发表在1951年《文史哲》创刊号的《天王洪秀全状貌考》一文，就主要运用考据方法，完全是旧传统的延续。同年第2期黄云眉发表《考证在史学上的地位》一文，依然呼吁批判继承传统考据学遗产，再来一次"更新的考证高潮"。1956年，邓广铭公开在课堂上提出年代、地理、职官、目录是研究历史的四把钥匙，而没有提马克思主义。据称，1958年之前，考据学风在山东大学历史系一直占据统治地位，有"研究古代史，言必称二陈（陈寅恪、陈垣）"的说法。

即使是当权的马克思主义学者也没有将民国学术一笔抹杀，而是表现出由衷的尊重和认可。例如，胡绳就对民国学术界盛行的考证之学予以充分肯定。他指出，史料的外形考订和内部考订"都是必要的，都需要用科学的态度和科学的方法去进行"。"近代西方的和中国的资产阶级史学都着重地在这些方面做了工作。许多中国的史学家们继承了清朝的'汉学家'们的工作,并且利用了从现代欧美传来的各种科学知识和比较精密的逻辑观念,而在史料的考订上,取得了不少成绩。他们的这种工作,现在看来,并不是做得太多,而是做得太少了。他们的工作成绩和工作经验不应当被抹杀而应当加以接受,加以发扬。今后我们还应当有计划地进行史料的搜集、整理、考订、注疏、翻译(译成现代普通话)等工作,并且使史料学成为有系统的科学。"史料工作繁重,仰赖各种辅助性的专门知识(如古文字学、年代学、古文书学、古文献学、历史地理学、版本学、印鉴学等),需要一批专门的史料学家来承担。"史料学家是整个史学家队伍中一个重要的组成部分。"

胡绳还强调:"轻视史料学家的工作是错误的。因为历史发展的科学规律的认识必须建立在丰富的确实的材料的基础上,所以在有的情况下,史料学的研究成果,甚至对于解决某个历史问题起着决定性的作用。决不能把马克思主义的历史研究和史料工作看作是互相对立的。"若以为"不懂得和不能应用马克思主义的史料学家所做的工作都是没有价值的,都不能有助于马克思主义的科学研究,那是不合乎事实的。如果以为只要根据历史规律的认识,就可以任意地选用史料,任意地制定这种史料和那种史料的价值,而无须倾听一些史料学专家的意见,这更是违反马克思主义的主观主义的态度,这种态度是我们不赞成的"。当然,胡绳并未如一些民国学者那样将考证之学奉为正宗。他对以往考证工作局限性的批评也非常严厉。但这至少可以折射出，由于追求专业化的需要，共和国学术并未与民国学术一刀两断。实际上，现在来看当时最具价值的学术成果，也大都是由旧学根底深厚的学者通过学习和运用马克思主义，将考证方法融汇到共和国学术范式中完成的。可以说，早期的共和国学术，脱胎于"战时学术"但又出现了种种走出"战时学术"的努力，试图告别民国学术却又与民国学术血脉相连。共和国学术与民国学术之间既有断裂又有延续。此时的哲学社会科学处于科学化与革命化的张力之中。但可惜的是，随着后来极端化思潮的泛滥，学术研究最终被极端政治所吞噬。1978年，共和国学术终于迎来新的黎明、新的起点和新的天地。

二、从"以阶级论为纲"学术范式到"以现代化为纲"学术范式的转型

中华人民共和国的成立是由一场人类历史上规模最为庞大的阶级斗争来缔造的。在那个时代，阶级斗争是推动文明进步最重要的杠杆。马克思和恩格斯在《共产党宣言》中一开始就说："迄今存在过的一切社会的历史都是阶级斗争的历史。"毛泽东也指出："阶级斗争，一些阶级胜利了，一些阶级消灭了。这就是历史，这就是几千年的文明史。拿这个观点解释历史的就叫作历史的唯物主义，站在这个观点的反面的是历史的唯心主义。"中国革命的胜利及国际共产主义运动的蓬勃发展，尤其是无产阶级经典作家对阶级斗争历史作用所作的系统论述，都凸显出作为理论工具的阶级分析方

法所具有强大的实践属性和巨大的阐释力,因而,在共产党人夺取政权后,阶级分析方法当然成为中国哲学社会科学的支配性范式。关于此点,上文已有详论,此处不赘。

从学术范式转换的角度讲,阶级论范式具有划时代的意义。首先,它以极大的同情改写了人类文明史,将几千年来被剥削、被压迫的阶级推上历史舞台的中央,使被剥削、被压迫阶级不仅在历史主义的意义上得到解放,同时也在伦理主义的意义上得到解放。阶级论范式是国际共产主义运动最重要的理论工具,是二战以后席卷东西方的左翼文化及革命思潮的最醒目的理论旗帜,其历史价值决不能抹杀,也不容否定。第二,它和现实紧紧结合,有力地配合着中国革命和社会主义建设。第三,在几十年间,中国学术界以它为中心,建立起崭新的学术体系,全面重塑了中国哲学、历史、文学的学科面貌。以史学为例,20世纪50年代初,中国史学会就以阶级斗争理论为指南,编辑出版了《中国近代史资料丛刊》。这套丛刊包括《义和团》《太平天国》《戊戌变法》《鸦片战争》《中法战争》《中日战争》《辛亥革命》《捻军》《洋务运动》《第二次鸦片战争》《北洋军阀》《抗日战争》等13部专著,3400多万字,为共和国史学的发展奠定了一块重要基石。中华人民共和国成立后,中国马克思主义史学的杰出代表郭沫若、翦伯赞、范文澜、吕振羽、侯外庐等前辈学者,也是在阶级斗争学说的指引下取得了辉煌的学术成就。20世纪50年代,范文澜曾指出:"历史的骨干是阶级斗争。"胡绳也认为:"把人民的革命斗争看作是中国近代史的基本内容,就能比较容易看清楚中国近代史各种政治力量和社会现象。"近代史研究中影响广泛的"革命史范式",正是抓住了阶级斗争这一主线,才能在波诡云谲的中国近代史演化中,穿过重重历史的迷雾,辨别出中国近代史的发展方向,进而把握了中国近代历史发展的规律。可以说,在改革开放前,阶级斗争学说被整个马克思主义史学阵营视为研究历史现象、总结历史规律的不二法宝。

令人遗憾的是,20世纪五六十年代的社会主义实践出现了波折,日渐强化的"阶级斗争决定论"思想导致出现了历史性偏差,这也给学术界的阶级论范式带来了毁灭性灾难,使阶级分析方法演变成极端的"泛阶级论",败坏了阶级分析方法的声誉。正是出于对"阶级斗争理论"对哲学社会科学功能的狭隘理解,从20世纪50年代开始,我们把当代学术门类中的主要成员如社会学、人类学、心理学、法学、经济学等等同于西方文化,把西方文化等同于帝国主义文化,进而几乎将其全部否定。这种极端做法,不仅使中国学术与西方学术长时期处于敌对状态中,也使我们与以苏联为首的多数社会主义国家断绝了往来。而我们闭关自守的这几十年,恰好是西方哲学社会科学飞速发展的时期。教训何其惨痛!这是迄今为止现代中国哲学社会科学所遭受的最大挫折。

1976年10月,历史翻开了新的一页。1978年底,十一届三中全会召开,中国开启改革开放的历史性转折。改革开放最迫切的任务是学习西方先进的科学文化技术,与国际接轨,全面实现国家的现代化,彻底摆脱落后的局面。以后来者的身份赶超世界现代化进程,是这一时期全国上下的奋斗目标。在改革大潮的推动下,从改革开放之初,西方思想文化像潮水般涌入中国,在整个20世纪80年代,中国学术界回荡的最响亮的口号就是"全盘西化"。那种此起彼伏的对西方理论的狂热,很多人至今记忆犹新。这次对西方学术文化的引进,与19世纪末20世纪初那次相比,无论从热度上还是从规模上,都有过之而无不及。在整个八九十年代,我们几乎是饥不择食地引进西方理论,可以说,西方一二百年间的学术发展历程,我们只用了短短一二十年的时间,就走了一遍。系统论、信息论、控制论、耗散结构论、接受学、士绅理论、年鉴学派理论、市民社会理论、公平正义理论、文明冲突理论、地方性知识、文化资本、知识考古学、新文化史、公共领域理论、解释学、符号学、福利社会主义、制度经济学、后现代主义、建构主义、解构主义、新符号论和女性主义等西方新思潮、新观念、新方法,都在"拿来主义"的口号下,大规模引入国内。二战以后几乎所有的西方学术大师,都在中国有数量庞大的拥趸。近些年学术界所展开的学术讨论,也多与西方学术大师有关,随口举出的就有詹明信热、福柯热、哈贝马斯热、布尔迪厄热等,一浪高过一浪。以至于有人提出,西方社会科学作品在中国学术的主导影响,是改革开放年代中国学术发展最为醒目的特点。

拿笔者的专业史学研究来说,改革开放40年来,中国史学与世界史学的交流日益增多,二战以后几乎所有的西方史学思潮都在中国史学领域产生了波澜。无论是年鉴学派,还是美国中国学,抑或是众说纷纭的后现代主义的历史哲学,都对中国史学产生了极其深远的影响。社会史的繁荣,在某种程度上来说就是中国社会变革与年鉴学派主张碰撞的结果。20世纪90年代以后后现代主义在中国的登陆，也再次证明了当代中国史学与世界史学已经同频共振。全球史、环境史、医疗史、身体史、日常生活史、新文化史等这些在西方兴盛一时的史学品种，在中国史学界均产生了热烈的回响。与西方史学一样，当代中国史学也经历了一个社会学化、经济学化和人类学化的过程。区域社会史的繁荣，与美国中国学著名学者施坚雅与柯文的提倡和示范都有着紧密的关联。这种对西方史学论著的大规模翻译和学习与模仿，左右了中国大陆历史学40年的走向。

中国的哲学社会科学从孤立于世界学术大家庭之外到全面融入世界学术主潮，闭关自守状态的被打破，是近40年来中国哲学社会科学大发展的根本原因。这40年，是1949年后大陆哲学社会科学最为活跃、最为繁荣、最富生机的40年，学术创获也是此前任何时期所不能比拟的。严格说来，这一辉煌局面的出现主要是拜"对外开放"之所赐。正是以西方为样本，我们才建立起完备的哲学社会科学学科体系和人才培养体系。总之，正是通过大量西方理论的引进和使用，我们才真正成为世界学术共同体的一员。这是我们理解第二次学术大转型的关键所在。

但是，我们必须看到，与世界接轨在取得巨大的成就的同时，也带来极为明显、不容忽视的副作用。这主要表现在，对西方学术大规模的引进，使得我们已经习惯于在西方的理论框架下来思考，我们的学术生产已经无法脱离西方式的"操作系统"。基于大数据的定量研究显示，在改革开放的前30年里，塑造"中国心智"的哲学社会科学成就，既不是对传统典籍的传承和沿袭，也并非立足本国的当代研究，而是对西方学术名著经久不息的翻译、学习、研究和传授。这一期间形成的"中国心智"，完全是一种"外向型心智"。研究表明，这期间影响"中国心智"的，除了马恩毛邓，就是德（亚里士多德、康德、萨义德、庞德、赫尔德、科林伍德）尔（海德格尔、卡西尔、黑格尔、托克维尔、韦伯〔尔〕、贝尔、波斯纳〔尔〕）克（哈耶克、洛克、诺奇克、克拉克、布莱克、拉塞克）斯（诺斯、科斯、霍布斯、罗尔斯、哈贝马斯、吉登斯），是他们形成了改革开放年代中国哲学社会科学的阅读和研究语境，构成了中国学人思考和回答"中国问题"的起点和归宿。所以，"改革开放之后的中国社会科学并没有'中国'，几乎完全是'拿来主义'的思想"的说法并非危言耸听。如果不能改变这一态势，当代中国学术可能永远只能是西方学术在东方的回响，在世界学术格局中，我们永远只能是一个牙牙学语的孩童。

三、从"以现代化（西方化）为纲"学术范式到"以本土化（中国化）为纲"学术范式的转型

无论在200年的中国近代史、100年的党史上，还是在70年的共和国史、40年的改革开放史上，党的十八大都是一个重要的分水岭。伴随着经济建设的伟大成就，我们国家在思想文化上也进入了新时代。2013年11月26日，习近平总书记到访曲阜，并就弘扬传统文化发表重要讲话；2014年9

月24日，总书记又在国际儒联发表重要讲话，全面论述了儒学在当代中国的意义；2016年5月17日，习近平总书记在"哲学社会科学工作座谈会"上提出加快构建中国特色哲学社会科学的重大战略任务；2021年5月9日，习近平总书记在给《文史哲》编辑部全体编辑人员回信中更明确指出："增强做中国人的骨气和底气，让世界更好认识中国、了解中国，需要深入理解中华文明，从历史和现实、理论和实践相结合的角度深入阐释如何更好坚持中国道路、弘扬中国精神、凝聚中国力量。回答好这一重大课题，需要广大哲学社会科学工作者共同努力，在新的时代条件下推动中华优秀传统文化创造性转化、创新性发展。"

这一切都雄辩地证明，整个中国的精神气候、文化气候、思想气候已经发生深刻的变迁，一个思想、理论和文化上全面的、立体化的本土化时代已经到来。我们可以满怀豪情地宣布，中国哲学社会科学正在开启第三次大转型。

在我看来，这次大转型可以概括为，从"以现代化（西方化）为纲"向"以本土化或中国化为纲"转型，其实质是从根本上摆脱对西方化的学科体系和理论体系的依赖，着力构建具有中国特色的哲学社会科学学科体系、学术体系、话语体系，彰显哲学社会科学的中国特色、中国风格、中国气派。具体而言，这次大转型将表现为从与西方接轨到与传统接轨、从"文化自卑"到"文化自信"、从批判传统到礼敬传统、从追求西方化到追求本土化、中国化。它将从根本上重塑中国哲学社会科学品格，使中国哲学社会科学重新建立与东方这片广袤大地的关系。

第三次大转型担负着特别重要的历史使命。首先，它将从根本上改变过去100多年来中国哲学社会科学在本土化与西方化、传统与现代两极之间严重失衡的状况。正如前文所述，现当代中国的哲学社会科学学科体系，以及这个体系的所有层面和板块，包括理论工具、基本预设、方法路径等，基本上是一种对西方学术全盘性的横向移植。虽然这套体系对当代中国学术发展的重要性不言自明，但同样，这套来自西方的理论体系和中国经验之间也存在着巨大的脱节。不得不承认，这一脱节几乎是当前学术界所有重大问题、重大缺憾的根源。

其次，它将使中国学术彻底摆脱当前愈演愈烈的"知识短缺"的尴尬。40多年来，中国以快速工业化进程为特征的经济奇迹十分惊人，不但基本完成了从延续了5000年的农耕社会向工业社会的转型，用一两代人的时间走完了西方两三百年所走过的路程，而且这种转型走的还是一条迥异于西方的独特道路。中国模式已经在实践上取得了举世瞩目的成就，中国的崛起、中国的经济发展道路已经颠覆了许多西方社会科学的基本结论。这些成就用西方的"经济模型"和"社会模型"是无法解释的。无怪乎德国研究中国问题的著名专家韩博天惊呼：当下流传甚广的现代化、民主化及政府转型理论对解释后毛泽东时代的中国，充其量只提供了一束微光，中国罕见的发展轨迹对政治变迁的传统理论和模型都提出了挑战。可以说，中国道路在理论上还没有得到充分的概括与总结，在世界上也没有得到应有的肯定。我们必须承认，当前中国学术并没有跟上国家发展的步伐，在发展基于中国经验的"模型"方面，中国学术界还远远没有满足国家对建构具有中国特色、中国风格、中国气派的学术体系、话语体系的期待。托马斯·库恩有言："科学革命通过摆脱那些遭遇重大困难的先前的世界框架而进步。"当代中国的实践早已突破现有西方理论的边界，这是第三次学术大转型的底层逻辑。

再次，它将为中国社会科学开拓新的发展路径。第三次大转型绝不能停留在喊喊口号，关键是怎么办。在我看来，我们必须在当代学术和中国传统文化之间建立起新的关联，换句话说，第三次大转型必须充分挖掘和利用传统文化这座宝库。这是因为，传统是我们的文化属性，传统蕴藏着我们的文化基因，传统奔腾不息地生发着我们的主体性，传统是连接中国式现代文明的脐带，因此，第三次大转型，必须扎根于具有5000年历史的文明传统之上。只有扎根传统，才能克服第二次大转型过度西方化的偏弊，找到第三次大转型的支点。

那么，现代学术如何与传统对接呢，在我看来，一条蕴藏着巨大生产力的途径是将传统思想文化进行社会科学化的冶炼。习近平总书记在哲学社会科学工作座谈会讲话中指出，"中国古代大量鸿篇巨制中包含着丰富的哲学社会科学内容"，这句话给我们以极大启发：对传统文化进行创造性转化、创新性发展，必须对其进行社会科学化处理和冶炼。即按照现代社会科学的方法，将传统文化重新理论化、概念化、体系化，赋予传统文化全新的现代学术属性。如此，一则可让传统文化焕发出勃勃生机，二则有利于构建基于中国传统和历史的哲学社会科学体系。一些学者在这方面已经做出很有意义的探索,如有学者采用现代儿童心理学的实验结果,论证了孟子"性善说"的有效性;有学者以政治学为工具,将中国古代的"选贤任能"凝练成"贤能政治"这样一个现代社会科学的概念。这些尝试都为儒学的社会科学化提供了可资借鉴的范例。类似的课题还有许多,比如,儒家的"礼",能否经过现代政治学和社会学的审视并为其提供智慧?儒家的"法",对今天的法学能提供什么样的参考?儒家的"义"与"利",对今天的经济学是否仍然具有启示?这些都是有待于深入探索的课题。

原创是学术生产的灵魂,是推动学术发展的枢轴。能否提高中国哲学社会科学的原创性,是第三次学术大转型的关键。没有原创性,就只能跟在别人屁股后边亦步亦趋,没有原创性,就没有自己的主体性,也就无从谈起构建具有自身特质的学科体系、学术体系、话语体系。只有紧紧扭住原创性这个牛鼻子,我们才能提炼出有学理性的新理论,提炼出具有标识性的新概念,提炼出中国学派的特色和优势。当然,只有依靠原创性,我们才能赢得世界学术界的尊重,参与国际学术话语权的竞争,才能在世界学术大格局中牢牢守住自己的阵地。

说到本土化,或许会引起一部分人的担忧,以为本土化意味着对世界文化的隔绝,意味着学术上再一次闭关锁国。这种担忧可以理解,毕竟我们已经生活在一个全球化时代。毫无疑问,全球化也体现在学术文化上,而且这样一个势头不可阻挡。我们必须承认西方学术在许多方面是胜过我们的，在许多领域，他们是居于领先地位的。他们在学术创新上所表现出来的创造性更加值得我们学习。我们在承认学术发展受语境影响拥有个性的同时，也必须承认世界学术还有共性。最关键的是，文明互鉴的前提是相互了解。只有更充分地了解，我们才能创造出一种融合各国各族文明的当代世界文明。我们只有更深入地了解西方学术，才能够以此为对照来加深对于中国文化的了解。因此，把中国"中国化"的过程绝不意味着把中国孤立化或者说把中国孤岛化，更不意味着与西方学术的简单对立。那种关上门来自言自语、自说自话，甚至幻想回到复古守旧、与西方学术老死不相往来的主张不是我们所说的本土化。需要再次强调，我们所说的本土化丝毫不排斥西方的社会科学理论，而是更加重视西方的社会科学理论，更加注重引进和消化西方先进学术理论。我们不能以牺牲学术自主性为前提全盘接受西方理论，同样，我们更不能以主体性为借口拒绝融入国际学术共同体。我们对本土化的追求是在全球化、国际视野下进行的。

  本土化主张并不是一时心血来潮。自晚清民初西方学术传入中国以来，如何建立起本土的话语体系，如何与西方学术比肩而立，一直是历代学人孜孜以求的目标。20世纪二三十年代，中国学者就举起了"社会学本土化"的大纛，三四十年代的"学术中国化"运动，再一次反映了中国学人对学术本土化的憧憬。张光直先生早就断言"中国提供了足够的资料从它本身来拟定新的社会科学法则"。黄宗智先生也倡导"建立中国研究自身的理论主体性"，这些都反映了华夏学人对于学术本土化的迫切愿望，也激励着我们开展本土化学术的实践。1902年，梁启超在《论中国学术思想变迁之大势》中曾经写道，中国"学术思想所磅礴郁积"绝非"彼崎岖山谷中之犷族，生息弹丸上之岛夷，所能梦见者！"无论是上古还是中古，"合世界史通观之"，皆"我中华第一也"。在任公看来，虽然近代以来中国学术令人汗颜地落后于世界，但中国学术定能"恢复乃祖乃宗所处最高尚最荣誉之位置，而更执牛耳于全世界之学术思想界者！"任公所言，反映了百年来中国学人的共同愿望。这种"执牛耳于全世界之学术思想界者"只能是本土化的中国学术。广大哲学社会科学工作者应当不负新时代党和人民的期许，更加自觉地走在时代前列，主动承担起学术本土化的重大历史使命，积极参与到第三次学术转型的大潮中来，创造出更多具有创新性、标识性的研究成果。我们相信，共和国学术的第三次大转型，必将以磅礴之势书写出中国学术新的篇章。

（原载《中华读书报》2022年5月4日）

一
二

从反思"文革"史学走向反思改革史学

——对若干史学关系再平衡的思考

告别"以论带史",走向"史料即史学";告别"古为今用",走向"为历史而历史";告别"宏大叙事",走向无关宏旨的"琐碎史学";告别"自言自语",走向"日常生活史"。这诸种倾向叠加在一起,导致近30年来的史学研究日益国学化、汉学化、实证化、碎片化,所以,在笔者看来,对史学研究的基本方向必须进行一次再调整、再斟酌,也就是要对史料与史观的关系、历史与现实的关系、微观与宏观的关系、引进与自主创造的关系进行一次再平衡。

"文革"结束已经快40年了。30年河东,30年河西。历史几乎每隔30年都要出现一次轮回:从1919到1949,从1949到1979,从1979到2009,几乎都是如此。从进入新世纪的第二个10年开始,像中国的整个人文社会科学各个门类一样,中国史学事实上又面临一次再定向,或者说,已经进入又一次再出发的前夜。

30年前的再定向再出发,是从反思"文革"开始的,今天的再定向再出发,也应该而且必须从反思改革开放以来的史学走向开始。尽管"改革开放以来的30年是1949年后中国史学最为活跃、繁荣和最富生机的30年",尽管"这30年间的史学创获是1949年前的30年所不能比拟的",但为了中国史学的健康发展,对近30年来的史学倾向也必须像反思"文革"史学一样进行反思。

30年前的今天,也就是1984年前后,史学界正在干什么呢?正处于一种什么形势呢?1984年前后,史学界正在义愤填膺地反思"文革",正在声讨"评法批儒"对史学声誉的严重败坏,正在全面检讨1949年后所确立而在"文革"期间登峰造极的史学思想、历史理论的基本原则。总之,这个时期史学界的基本追求是:摧毁在"文革"期间和"文革"前夕占主流地位的理论、思想和观念,为新时期学术确立新的方向。但与此同时,偏颇和偏差也出现了,甚至在一步步地向极端走去。

通过1984年前后的反思,人们当时总结出了若干教训,形成了若干共识。

一、从废弃"以论带史"到皈依"史料即史学"

废弃"以论带史",主张"论从史出",在拒绝了"巩固地确立马克思主义毛泽东思想对历史研究的指导地位"硬性规定之后,史学界则逐步皈依"史料即史学",这是"文革"结束之初,史学界的主要倾向之一。

"以论带史"无疑应该废弃,这是一种带有典范性质的教条主义的治史路数。为了取代这一路数,史学界当时相继提出并强调了"论从史出"和"史论结合"等治史方针,这本无不妥,因为在这些方针中,毕竟还有"论"的一席之地。问题在于,此后的史学界却在告别"以论带史"之后,则经由"史论结合""论从史出"等弱化理论地位的环节,一步步滑入了"史料即史学",即完全排除理论的观念之中。对"以论带史"的批判,最后竟演变成了对民国年间占主流地位的治史路数即"史料即史学"的皈依。于是"史界二陈",即陈寅恪和陈垣重新成为20世纪八九十年代以来史学界的偶像,"回到乾嘉去"终于从20世纪90年代开始成为史学界的主流思潮。

近30年特别是近20年来,主流史学界在拒绝了教条主义的同时,也拒绝了"理论"和"思想"本身。20世纪以来的中国史学界从来没有像现在这样缺乏"理论"和"思想",缺乏"抽象"和"概念"。"理论""思想""抽象"和"概念",要么已被主流学界遗忘,要么已成为不光彩的东西。而年轻的学徒几乎均成为主张"史料即史学"的傅斯年的私淑弟子了,到处是"考",到处是"辨",到处是"订",到处是"补",如果把这种方式仅仅作为一种训练手段,无可厚非,问题在于,与此同时,那些所谓的"导师"却教学生远离"理论"、远离"思想",甚至还引导学生远离"解释",说什么考证史实是历史学家的本分,评说史实则是站在史学圈外说话,完全忘了中外史家的教导:清理史实和解释史实都是史家分内的工作。选题越小越好,材料越冷僻越好,考辨越细越好,"理论"和"思想"的成分越少越好,已成为史界一种主流价值观或主流学风。

总之，如果说近60年来占笼罩地位的史学趋向，前30年是教条主义的话，后30年则是实证主义。问题在于，教条主义的危害已经有目共睹，臭名昭著，而实证主义的消极影响，学界不仅尚未认识到，甚至仍趋之若鹜！

二、从否定"古为今用"到遁入"象牙塔"中

废弃"古为今用"，主张"为历史而历史"，在拒绝了"历史研究为无产阶级政治服务"口号的同时，进而放逐了现实和时代，最后则整体遁入象牙塔中，这是"文革"结束之初史学界的又一种主要倾向。

1949年中华人民共和国成立至今，史学界对历史与现实关系问题的认识，可谓"三十年河东三十年河西"。从1949至1979年近30年中，在"历史与现实的关系"中，"现实"占主宰地位，走向极端后，"历史"被"现实"完全吃掉；从1979年至今，又30年了，在这期间，"历史"又一直试图摆脱"现实"的纠缠，想不食人间烟火，走向极端后，"现实"又差一点被"历史"吃掉。近30年间人们谈历史与现实的"区别"太多，而且在强调"区别"的时候甚至否定了二者之间的应有"联系"。

1949年后，历史研究全面纳入为现实、为政治服务的轨道，有时甚至一度围绕着运动转、围绕着政策转，而登峰造极的表现则是在"评法批儒"时期，这时的历史学可以说已完全堕落为政治斗争得心应手的工具，颜面尽失，声誉被严重败坏。所以，"文革"一结束，部分学者就提出放弃所谓

"古为今用"的原则,向"为历史而历史"的路子靠拢,"回到乾嘉去"之所以成为这时一些人的选择,绝非偶然。这时人们似乎已达成一种共识:在"历史与现实的关系"中,"现实"好像已成为一种有害的因素、负面的因素,成为认识历史真相的障碍,要想避免丑恶的"评法批儒",必须远离"现实"、回避"时代",能遁入不食人间烟火的"象牙塔"中最好。这种对所谓"纯学问"的向往在20世纪80年代初可以说已成为一种思潮。但由于强大历史惯性的作用,加上特定的精神气候,在整个20世纪80年代,"历史"并未完全实现回避"现实"的目的,相反"历史"在新的斗争中依然发挥了重大作用。当然,也确有一小部分人实现了摆脱现实的目的。但到了20世纪90年代,"现实"才真正成为一种大面积的"瘟疫",使得许多人躲避唯恐不及。一方面是翻天覆地火热的社会巨变,另一方面是寂静的远离生活的历史学领域。在一场巨大变革面前,历史学家集体逃亡了。

历史学界刻意规避现实最典型的例证莫过于集体缺席关于中国崛起、中国模式和中国道路的讨论了。中国崛起毋宁说是一个古老文明的复兴。这一复兴在中国文明史乃至世界文明史上的巨大意义已然引起全世界的关注。20世纪90年代以来,有关中国崛起的话题,已经跨越学科的边界,成为国内所有人文社会科学的话语中心。政治学家、社会学家、经济学家、法学家,甚至文学家等,均在这场讨论中悉数登场,都在通过对中国崛起的讨论和思考,来展示自己的生机和活力。在这之间,却唯独不见历史学家的身影。这极不正常!因为文明的复兴,正仰赖于历史的被唤醒,而历史学家所担负的正是现在与过去之间的唯一中介，因而在中国崛起的进程中，历史学家们是最有资格、也最应该积极参与的一员。但在各种各样的理由下，主要是在躲避现实的主流思潮的裹胁下，历史学家在这场讨论中却集体出逃了。

三、从解构"宏大叙事"到走向"碎片化"

废弃宏观研究、宏大叙事，在拒绝了假大空的同时，进而放弃了对历史的大脉络、大趋势、大线索、大走向、大波折的探求，这是"文革"结束之初，史学界的第三种主要倾向。

近30年来，中国史学界的一个最大趋势，是由"虚"入"实"，弃"大"就"小"，而以"大"为"虚"、以"小"为"实"，则是问题的实质。中国史学界30年来越来越向"小处"走去，越来越向"细枝末节"走去，越来越向"边缘"走去，越来越向"琐碎"走去，而与此同时，史学界则在不断地解构所谓的"宏大叙事"，质疑"宏大叙事"，甚至妖魔化"宏大叙事"，历史的"碎片化"于是不可避免。人们在把历史"碎片化"的同时，史学界自身的"碎片化"也不可避免。一个统一的史学界现在已经不复存在——这个所谓"统一"的史学界在被"碎片化"之后已经潜入各个历史碎片之中，是人们当下所感受到的一个基本事实。《近代史研究》和《史学月刊》两家杂志，于2012和2013年几乎同时发起"碎片化"和史学家的"社会责任"问题的讨论，堪称是对这一点的力证，同时也说明此一倾向之严重。

这一现象的出现当然也不是偶然的，这也是与"前30年"对着干的结果。众所周知，中国马克思主义史学从一诞生，就声称不走"微观史学"之路，要探求历史的"法则"，要研究"大历史"，李大钊的立场当时最具有典型性。此后的郭沫若、范文澜、吕振羽和翦伯赞等唯物史观派史家，则逐步远离"史考"之路，坚定地踏上"史释"之途，远离"考史"的路数，群趋"著史"的路数。1949年后，历史似乎肯定了"史释"和"著史"为正途，"繁琐考证"为斜路。于是，从1949年后，对历史的"宏观研究"成为主流，"五朵金花"的盛开，"亚细亚生产方式""中国封建社会为何长期延续"等问题的讨论，遂成为历史研究的常态，走向极端之后，就出现了研究课题越大越好、越抽象越好、越空洞越好、细节和材料越少越好的局面。历史研究最后成为没有弹药的"放空炮"。

"文革"一结束，这一研究路向也纳入"拨乱反正"的轨道，在一段时间内，被命名为"空论史学"而成为批判和清算的对象。于是，才有不少人的反其道而行之。尤其是在20世纪七八十年代之交，在民国年间成名的学者还为数众多的背景下，这时，历史仿佛来了一个"否定之否定"，人们相率回头向1949年前走去。到20世纪90年代学界则更直白地提出"回到民国去""回到傅斯年去"。所以，早在1981年，有学者就敏锐指出：学徒们已经走上摒弃"宏观"群趋"微观"之路了。进入20世纪90年代之后，"后现代史学"传入中国，"大历史""宏大叙事"则进一步被痛加解构，随后变得声名狼藉。历史的"碎片化"趋势就这样不可避免地出现了。

四、从打破"闭关自守"到放逐"自主叙事"

废弃闭关自守，全面拥抱西方史学，在拒绝了"自言自语"的同时，进而放逐了自主叙事或本土化叙事，这是"文革"结束之初，史学界的第四种主要倾向。

近30年来的中国史学始终在一种矛盾中前行：一方面，我们全面对外开放，向西方史学学习，全方位引进西方史学；另一方面，我们又必须从西方话语系统打捞或拯救中国历史，而全面引进西方史学，就实质而言，就是引进和强化西方话语系统的影响力。近30年的史学始终在这种两难、悖论中前行。学术引进和自主叙事的冲突，普世主义的历史叙事与特殊主义的历史叙事的冲突由此而起，而近30年占主流地位的则是普世主义的历史叙事。

近30年来史学界向西方史学学习的主流做法是移植和模仿，题材是西方的，观念框架和基本预设均是西方的，甚至结论也几乎是西方的。总之，这30年基本上是西方史学在主导着中国史学界。近若干年尤其严重，总的倾向是选题越来越时尚化，越来越娱乐化，越来越表层化，甚至在趋于讨巧。中国史学界越来越成为西方史学界特别是西方中国学界的延伸。

这种中国史研究的西方取向，加上国内主流学风的影响，所导致的一个后果是局部的、细部的历史越来越清晰，而整体的、结构上的历史却越来越模糊、越来越混沌。更重要的是，我们越来越失去了自主创造的能力，尤其是在思维上越来越懒惰，总是在等待西方给我们理论，给我们观念、思维、框架，甚至给我们样板和典范，以供我们模仿。回想一下，近30年来，中国史学界在概念的提炼上、典范的铸造上、理论的抽象上，有进展吗？

应该说，近30年来的学术引进，强化了普世主义的历史叙事，进一步弱化了自主叙事，对此必须进行再平衡、再审视、再调整。我们要尽快自觉地从普世主义的历史叙事转向特殊主义的历史叙事，更明确地说转向中国叙事、自主叙事。普世主义的历史叙事与中国叙事之间的最大差异，就是基本语境的不同，大转型、大过渡、大转轨，构成当下中国的基本语境。我们的历史研究最好不要离开这个语境，不能离开这个基本题材，不能用外国已转型成功后的选题来做我们的选题。西方的结构性变动早已完成，早就进入一个长期平稳的发展状态，所以他们可以聚主要精力于所谓的日常生活史，而中国正处在结构性变动之中，乃至之初，所以，对日常生活史的研究应更多地让位于对结构史的探讨。

五、前30年史学思想遗产不应断然抛弃

告别"以论带史"，走向"史料即史学"，告别"古为今用"，走向"为历史而历史"，告别"宏大叙事"，走向无关宏旨的"琐碎史学"，告别"自言自语"，走向"日常生活史"，这诸种倾向叠加在一起，导致近30年来的史学研究日益国学化、汉学化、实证化、碎片化，所以，在笔者看来，

对史学研究的基本方向必须进行一次再调整、再斟酌，也就是要对史料与史观的关系、历史与现实的关系、微观与宏观的关系、引进与自主创造的关系进行一次再平衡。

这种再平衡不是简单地从河西返归河东，而是同时克服河东河西的偏颇。"文革"后的30年基本上是与"文革"和"文革"之前的历史学针锋相对的30年。矫枉过正的结果，是一种倾向掩盖了另一种倾向，扶得东来西又倒。所以，前30年的历史学固然需要继续反思，近30年来的中国史学也同样迫切需要反思。近30年和前30年都有偏颇，也都有值得认真对待的珍贵遗产。

譬如前30年间占主流的"以论带史"的治史路数，在这一被视为教条主义的治史路数中，实际上仍包含着理论与思想可起积极作用这一合理成分，换句话说，教条主义可以抛弃，但"史观"或"理论"在治史过程中能起重要作用这一合理因子则不能断然抛弃。这里需要我们思考的问题是：在治史过程中，"史料"是不是永远处在主动、积极和活跃的位置上，而"理论"是不是永远是"灰色"的、消极的、被动的？答案当然是否定的。从每个人的治学程序上来讲，材料的搜集和积累无疑处在初始环节与基础地位上，但强调这一点丝毫也不意味着"史观"或"理论"永远是消极的、被动的、次要的，乃至可有可无的。实际上，两者在治学的整个过程中互为前提、平等互动。没有"史料"当然不会有所谓史学，没有"史观"或"理论"也同样不会有史学，尤其不会有"现代史学"。"实证"和"材料"是史学的自然属性，而"理论模型"和"概念工具"的有无则是"传统史学"和"现代史学"的分野所在。20世纪以来的中国历史学和19世纪、18世纪、17世纪中国史学的差异就在"理论"上,而不是在"史料"上,这难道不是显而易见的事实吗?今天中国历史学与西方史学特别是西方"中国学"的差异更是在"理论"上而不是在"史料"上,也同样是显而易见的事实,以"教条主义"的存在和危害,作为否认理论作用的根据,从而走向"史料即史学",是只知其一不知其二,是在泼脏水时连孩子也一起泼掉了,这实际上是一种非常幼稚的做法和想法。

再譬如,"古为今用""历史为现实服务""历史研究为无产阶级政治服务"等治史口号,当然有极大偏颇,也造成过巨大不良后果。但对这些口号也不应简单摒弃了事。这些口号事实上提出了"历史与现实"的关系、史学与意识形态的关系、史学与政治的关系等重大知识论问题。这些问题的实质是:在整个历史认识的过程中,"现实"等外部因素究竟是否为一种正面的因素?"文革"后一段时间之内,人们普遍认为:为现实而研究历史必定导致歪曲历史真相,人们不知道,没有"现实"就没有任何"历史","史学史""学术史"演变的最大动力、最活跃最积极的因素不是学术自身而是"外部现实"。包括人们谈虎色变的"意识形态"和所谓的"党派偏见",其对历史认识的推动和相关学科的形成所起正面作用之巨,也是人们难以想象的。的确,对于某些学术科目而言,"党派偏见具有正面价值"是毋庸置疑的,而"建立一种把新思想、新问题、新挑战从学科外部引入学科内部中的机制,在今天比以往更加必要。党派偏见就是这种颇具威力的一种机制"。学术史上有大量事例说明了这点：没有政治意识形态的需要及其对这种需要的满足，就根本不会有所谓的"二十四史"和《资治通鉴》，没有清算"帝国主义血账"的政治信念和现实诉求，也根本就不会有著名的《中国近代史资料丛刊》的编纂。这些都是众所周知的学术史事实。

还譬如，1949年后，翦伯赞、范文澜等对所谓"资产阶级历史学"，即"繁琐考证"的批评与指责，今天看来，也包含着许多精当的思考，而这些思考在"文革"结束之初也被当作"左"而反掉了。当时的主流意见认为：什么样的考证繁琐，什么样的考证不繁琐，无法说清楚，所以，这样的批评不合理，不要管这么多，大家愿意干什么就干什么。经过30多年时间的检验，谁是谁非，已经非常清楚了。翦伯赞等人所批评的，实际上是胡适当年所表达过的一种意见：发现一个字的古义与发现一颗恒星有同等重要的意义。换句话说，历史研究的题材和对象没有什么大小之分，"细节"和"问题"有着同等的价值。今天看来，发现一个字的古义与讨论明清时期的"资本主义萌芽问题"能相提并论吗？探究中国的历史道路，追寻秦至清2000年间的社会形态，与考证墨子的生卒年代和庄子究竟是楚人、鲁人或宋人有同等重要的学术意义吗？辨识出土简帛上的一个字的读音与辩论2000多年来中国土地所有制形式究竟是国有、公有和私有有同等重要的分量吗？所以，我们今天应该重估1949年后史学界对所谓"资产阶级史学"批判的意义。那种打棍子、扣帽子、揪辫子的政治批判无疑应该永远拒绝，但这种批判中所包含的真理的颗粒也不应被无视。"马克思主义史学"与"资产阶级史学"之间的分歧，当然不是什么"资本主义"和"社会主义"两条道路的分歧，不是正确与错误的分歧，而是"实证主义"和"以社会科学治史"两条治史路线之间的分歧。"马克思主义史学"的学术史合理性在此，所谓"宏大叙事"和"大历史"的价值在此，它们事实上是与"实证主义"路线有着同等价值的合理的治史路线的一种。

马克思在著名的《政治经济学批判》导言中，曾发表过这样一种看法：一个时代或一个时期，只有在它已发展到能够进行自我批判的阶段时，才能准确理解前一个时代或前一个时期。基督教只有在它的自我批判在一定程度上准备好时，才有助于它对早期神话作客观的理解；同样，资产阶级经济只有在资产阶级社会的自我批判已经开始时，才能理解封建社会和东方社会。在资产阶级经济还没有能力和可能进行自我批判时，它对于前一个社会，即它还得与之直接斗争的封建社会的批判，是与基督教对异教的批判或者对旧教的批判相似的，即都是片面的、情绪化的、反历史或非历史的。对欧洲中世纪的看法即是如此。由于资产阶级革命限制了人们的视野，中世纪一度被看作是由千年来普遍野蛮状态所引起的历史的简单中断，中世纪的巨大进步——欧洲文化领域的扩大，一个挨着一个形成的富有生命力的大民族，以及14和15世纪巨大的技术进步，这一切当时都没有被人看到。对中世纪的价值和历史地位的准确把握，显然只有到资本主义社会自身发展到能够进行自我批判时才有可能。

如同对中世纪的认识所产生的曲折和反复一样,对前30年中国社会政治准确判断的形成也经历了一个较长的过程。改革开放初期,学界对整个前30年也基本上是一笔抹杀,当时基本上是以彻底否定和完全抛弃为主。只有当改革开放进行到能够开始自我反省、自我审视甚至自我批判时,人们才能真正认识"前改革"时期的价值。譬如,只有当改革时期的两极分化、社会不公达到一定程度后,只有当贪污腐败、道德崩溃登峰造极后,人们才能认识前改革时期所崇尚的平等、公正、均平的价值及其所采取的许多极端措施的意义。而在改革开放之初,不彻底否定"文革"、不彻底反思极左的思想方针路线,改革开放便没办法启动,也没有足够的理由启动。

对"前改革"时期史学思想遗产的认识也同样如此。"文革"结束之初,面对"评法批儒"的后果,面对史学园地的一片荒芜,面对史学队伍的七零八落,人们只能义愤填膺,只能背道而驰。可是,当史学界偕同中国社会"背道而驰"了30年之后,这才发现,它也撞到了南墙上。"眼前无路想回头",对改革开放史学的反思由此开启。

一种倾向掩盖另一种倾向,扶得东来西又倒,是这里的深刻教训。问题绝不在于要简单地抛弃"前改革"时期史学的全部思想内容,而是要批判它,要从这个暂时的形式中剥离出错误的、但为时代和发展过程本身所不可避免的教条主义形式中所获得的思想成果,绝不能把孩子连同脏水一起泼掉。

历史决不会白过，也从来没有白过过。这就是本文的结论。

（原载《中华读书报》2015年3月18日）

放逐"现实"回避"问题"：20世纪90年代学风的致命伤

从许多征候来看，当前的史学界似乎面临着一个克服20世纪90年代偏颇的问题，就像20世纪90年代之初曾面临20世纪80年代的偏颇一样。"扶得东来西又倒"，一种倾向掩盖另一种倾向，是20世纪80年代的缺陷，也同样成了20世纪90年代的缺陷。当然，对于20世纪90年代学风的建设性，我们应当予以充分的估计。譬如，自从"学术规范"问题提出之后，学风的确笃实了许多，泡沫学术大为减少，评价学术的学术尺度已得到公认，一种健康的学术风气由此形成。许多学者沉首于专门的研究，大批饶富学术含量的论著也正陆续面世。但与此同时，一种有害的风气也正在形成之中，"问题"缺席就是其表征之一，而这可能也构成了20世纪90年代的主要偏颇所在。

在近50年的中国史学界（"文革"十年除外），实在没有哪一个年代像20世纪90年代这样缺乏"问题"。20世纪50年代有被称为"五朵金花"，即五大问题及其所引起的各种讨论，这些讨论今天看来无论有什么样的缺陷，但它们对学术的推动、在学术史上的地位是有目共睹的。20世纪60年代前期的讨论和论战则更多，甚至包括像农民战争史问题论战，也对研究下层社会史有刺激和引导作用。20世纪70年代后期，被中断和压抑了10年之久的各种论战蜂起，对这一时期的思想解放、认识深化推动甚巨。整个20世纪80年代，可以说是一个论战的年代，得自于论战的成果也最多。"中国近代史发展线索问题论战""中国封建社会为什么长期延续问题论战""亚细亚生产方式问题论战""中西文化问题论战"等，把整个20世纪80年代搞得有声有色。尽管在这些论战中，泥沙俱下，泡沫横飞，但通过这些论战，学术界的的确确解决了不少重要问题和弄清了若干关键事实，如所谓中西"封建制度"的差异问题、明清江南的商品化程度和手工业发展水平问题等。进入20世纪90年代后，"大河上下，顿失滔滔"，各种"问题"似乎一下子都消失了，学术界对"问题"的兴趣锐减。由于缺乏"问题"，使得学术界疲软不堪、生气全无。更重要的是，没有"问题"及其论战就没有焦点，没有焦点就无法聚合力量，"问题"及其论战是组织学者在一段时间内集中攻关、攻坚的最有效、最恰当的方式。没有"问题"的史学界必然一盘散沙、各自为战。20世纪90年代的史学界就是如此，这使得许多该解决的"问题"无人过问。譬如，从20世纪80年代后期开始大家就已意识到"五种生产方式"理论不适应于中国，中国没有典型的"奴隶制时代"已成共识。但秦汉以来的社会形态如何概括？是家喻户晓人人皆知的"封建社会"吗？就是一个存在于人人心中但未被提出来展开讨论的"问题"。由于这个"问题"不明，就导致对这段重要历史的叙述依旧停留在几十年前的水平上。

20世纪90年代史学界"问题"的缺席,原因很多。这里我们主要探讨"内因"——因为这和学者自身有关。20世纪90年代的学者在吸取以往的教训时的确有些走过了头。具体而言,"问题"的缺乏和20世纪90年代的学者刻意回避"现实"、回避"时代",一心想退回书斋有关。这时有的学者"认定这一百年(20世纪——引者注)中国学术发展的最大障碍是没有人愿意并且能够'脱离实际''闭门读书'"。因此,应"允许并尊重那些钻进象牙塔的纯粹书生的选择"。还有的学者说:学问通常是那些住在荒郊野外不食人间烟火的二三素心之人做出来的。20世纪90年代初期的学者大都是20世纪80年代的理论战士,现在身心疲惫,希望休养生息,因此,退出街头广场,躲进象牙塔,读书做学问遂成为不少人的寄托。这本来无可厚非,但值得忧虑的是,这种被动的选择已逐步演变为一种主流取向。学术史上的"答案"由学者提出,但"问题"特别是那些重大"问题",从来都是由"时代"提出,时代"命题",学者"作文",可以说历来如此。20世纪90年代的外部社会不是未向学术界、史学界提出"问题",只是20世纪90年代的学者未做相应的回应。上边说了,未做回应,原因很多。从深层上看,在认识论上和这时的学者看待"历史与现实"的关系的态度和立场这个老问题有关。

众所周知,唯物史观派历史学一诞生,就公开声明:历史研究要支持与配合中国共产主义运动,换句话说,这一派一出世就不走"为历史而历史"的路子。从李大钊论述史学

"最要紧的用处,是用他来助我们人生的修养",到郭沫若在他的《中国古代社会研究》一书中强调"对于未来社会的待望逼迫我们不能不生出清算过往社会的要求"(《自序》),再到翦伯赞提出不是"为说明历史而研究历史",而是"为了改变历史而研究历史",都使史学具有了直接的社会实践甚至政治实践功能。一直执着于"史学为现实服务"这种追求,是战争年代史观派史学的基本品格。历史研究就这样在1949年后全面纳入为现实服务的轨道,有时甚至一度围绕着政策转,而登峰造极的表现则是"评法批儒",这时的历史学可以说颜面尽失,声誉被严重败坏。所以,"文革"一结束,鉴于上述教训,许多学者就提出放弃所谓"古为今用"的原则,向"为历史而历史"的路子靠拢,"回到乾嘉去"之所以成为这时一些人的选择,绝非偶然。这时人们似乎已达成一种共识:在"历史与现实"的关系中,"现实"好像已成为一种有害的因素、负面的因素,成为认识历史真相的障碍,要想避免丑恶的"评法批儒",必须远离"现实"、回避"时代"。这种对所谓"纯学问"的向往在20世纪80年代初可以说已成为一种思潮。但由于强大的历史惯性和20世纪80年代特有的"现代化腾飞情结"的作用,整个20世纪80年代"历史"并未能实现回避"现实"的目的,"为现实服务"甚至仍占主流地位,但学界对"为历史而历史"的向往也在潜滋暗长。到了20世纪90年代,"现实"才在某种特定因素的作用下真正成为了一种"瘟疫",使得许多人躲避唯恐不及,以致出现人们争先恐后躲入象牙塔的局面。

必须看到，这是一种比较严重的"矫枉过正"。问题的实质是：在整个历史认识过程中，"现实"究竟是否是一种积极的、正面的因素？20世纪90年代的主流学者可以说给出了一种否定的回答，在历史学领域可能尤其如此。然而，持否定答案的学者可能没有看到，现实的需要及其对这种需要的满足，是所谓"学问"产生的基础。譬如"二十四史"，这些"历史"的修纂本身其实根本就不是为了这些"历史"自己，而是为了那些主持修撰这些"历史"的人们。修史在这里可能仅具有手段的意义。但这一现象说明：满足现实的需要完全可以成为学术发展的正面因素。《中国近代史资料丛刊》（以下简我《丛刊》）的编辑出版，是这一点的又一典型例证。翦伯赞在最先编辑的《义和团》"序言"中毫不避讳地指出"清算帝国主义的血账"是编辑此一资料集的动机。另外，在《丛刊》的扉页上还印着毛泽东在1942年说过的关于"应聚集人才、分工合作"研究"近百年的中国史"的话，所以，《丛刊》编辑的最初动机是落实毛泽东的指示，而毛泽东则完全是为了革命才要求人们去研究近百年的中国史的。但这套完全为适应现实需要而编纂的资料集，却将在中国近代史学学术史上占有极为重要的地位。双重的意识形态动机却导致巨大的学术果实，这一现象再次说明，现实需要相对于学术史绝不仅仅是消极的因素，甚至被人们视为有害的"党派偏见"，也不仅仅具有负面的意义。

许多年来，特别是近20年来，学术界一直有一种十分流行的看法：要想获知"历史真相"、要想"客观"，必须克服"党派偏见"或"意识形态偏见"，潜在的观念预设是"党派偏见"百分之百有害于学术,必须坚决清除。"党派偏见"对学术的危害当然是有目共睹的。问题在于"党派偏见"是否全无正面价值?在某些领域的研究中,"党派偏见"能否推动学术的发展?在最近翻译过来的《史学家:历史神话的终结者》一书中,作者——英国著名的马克思主义史学家霍布斯鲍姆用许多事实澄清了这一问题,这一澄清对说明我们自己学术史上的许多问题也有启发意义。在霍氏看来,"党派知识分子所研究的问题和学科可能是其他知识分子们(因意识形态或其他原因)没有考虑到的"。他举例说,直到20世纪后期,英国工人运动史仍主要由那些同情这项运动的人在研究,而直到第二次世界大战结束时,"正统"或"主流"历史学家对这项研究还根本没有兴趣,到了现在,研究下层民众的历史才业已蔚成风气。霍氏说:以往的社会科学不能与党派偏见分开,并不能证明党派偏见有益于这些学科,恰恰说明党派偏见的存在是不可避免的。只有在党派偏见促进了科学进步的情况下,它才是有益的。它能够做到并已经做到了这一点,特别是就它为改变科学争论的地位提供了动力,从外部为科学机制注入新话题、新问题及答案的新模型而言,它已经做到了这一点。霍氏断言:"社会科学的发展一直没有与党派偏见相分离——没有党派偏见,某些学科可能根本就不会存在——这是无可否认的。"对于某些学术科目而言,"党派偏见具有正面价值。这是无可避免的,即使在自然科学领域也是如此"。霍氏强调:"建立一种把新思想、新问题、新挑战从学科外部引入学科内部中的机制,在今天比以往更加必要。党派偏见就是这种颇具威力的一种机制，很可能是目前人文科学中最具威力的一种机制。没有它，这类科学的发展可能就要处于危险之中了。"霍布斯鲍姆的意见值得仍在用力躲避现实的中国史学界高度注意。"意识形态"和"党派偏见"并不必定导致"歪曲"真相，并不总是消极因素，甚至可以这样说，没有某种政治信念和现实追求，就没有历史学家执意要弄清某些真相的动力。"中国近代史"研究得比较充分，这和反对帝国主义侵略的民族情感等外部因素有直接关系；"先秦史"研究得比较充分，这和"奴隶制"的有无及其与"封建制"的分期有重大关系，而"奴隶制"的有无及其与"封建制"的分期的争论长期以来基本上是一个意识形态问题。

黄宗智的《华北的小农经济与社会变迁》和《长江三角洲小农家庭与乡村发展》两本书可以说为我们树立了如何正确处理"历史与现实"关系的标准。黄氏所研究所欲回应的都是现实所提出的重大而尖锐的问题；而如此强烈的现实关怀并未影响黄氏勘探真相，反而有助于他勘探真相，而且他也确实勘探到了许多真相。所以，关键不在于你是否"为现实服务"，而在于你以一种什么方式参与新的历史创造？是学术的方式还是政治和社会的方式？这才是问题的实质。读这两本书，特别是20世纪90年代中期读《华北的小农经济与社会变迁》一书时正是中国主流学界渲染"国学"最起劲的时候，也是主流学界的权威们号召学者向陈寅恪看齐、走陈氏之路影响最大的时候。当时笔者就在想一个问题：究竟是"国学"还是像《华北的小农经济与社会变迁》这样的作品是中国史学发展的基本方向？中国主流史学界究竟是向以伯希和为代表的"汉学"看齐，还是向黄宗智为代表的"中国学"看齐？从20世纪初以来，中国史学界太重视那些边边角角的东西了，对历史的一般认识反而变得比较次要起来、无足轻重起来。伯希和的严谨和深厚功力令人钦佩，甚至让人崇拜，但他实际上只是个博物学家。邓嗣禹1949年在美国著文指出：作为博物学家的伯希和，他的职业要求他对各种问题作详尽的答复，他经常像老祖父一样喋喋不休，在评价一本书时有时要用比原文都长得多的篇幅。而20世纪二三十年代的许多中国学者，尤其是那些住在北平城内的中国学者，不能称作史学家，而实际上是伯希和那样的汉学家。邓嗣禹的看法是否准确可以讨论，因为当时人们这样做无可厚非。但直到现在还一味仰慕"汉学"，回避海外"中国学"的长足进步，还在号召人们去和伯希和较量，不去和黄宗智等人一比高低，被汉学家牵着鼻子走，则很难说是正常的了。"汉学心态""汉学情结"实在害苦了20世纪90年代的中国史学界。

近20年来，人们对"历史与现实"关系的把握是有较大偏差的，主要是前一时期谈二者的"区别"可能太多，在应该强调"区别"的地方甚至否定了二者的应有"联系"。部分史家因课题的性质和术业的专攻而躲避"现实"、遁入"象牙塔"、做"纯学问"、步乾嘉之旧规是可能的，也是必需的，但主流史学界刻意回避甚至倡导回避"现实"、远离时代则是不正常的。也就是说，前一时期可能以一种同样有问题的方式总结了以往的经验教训，特定的意识形态立场导致了一种倾向掩盖了另一种倾向。所以，笔者认为，史学界应该对"历史与现实"的关系一类的、似乎已有定论的问题进行再检讨、再审查。

(原载《山东社会科学》2004年第8期)

当代史研究的开展刻不容缓

当代史最为波澜壮阔、曲折摇曳,又几乎与每个人当下的境况最为密切,因此最受人们关注。书写发生在身边的历史是历史学家不能逃避的职责!对当前的史学界来说,当代史去古未远,余波荡漾,过程清晰,线索历历,最值得抓紧研究,不必等待凝固之后甚至完全从人们视野中消失乃至蜕变为纯粹的文献之后,再去着手研究。

当然,当代史的难写,人所共知。这主要来自以下几点制约因素:意识形态的限制当然是我们首先要在此强调的。我觉得这一点今天已毋庸讳言。虽然意识形态并不必然导致对历史的"歪曲",并不总是起负面作用,但主流意识形态却可以提醒你哪些问题可以随时进行研究,而另一些问题则必须放一放,也就是说,即使是一个"真理性"认识,一种已经探明的"真相",一段证据确凿的历史,该不该说出来,的的确确有个时机问题,也有个策略问题,"应不应讲,什么时候讲,讲些什么,从政治上考虑都不是径情直遂、无所斟酌的"[1]。虽然不能也不应以要求政治家的标准来要求历史学家,但历史学家自己的确应该明白,他在某种程度上必须与当下的"现实"协调,因为当代史的某些部分的确不同于古代史:当年的刘项之争你可以尽情地发表看法,但半个世纪前的政治冲突却至今仍需留待后人的深入研究。这当然会由此产生一个问题:你越想知道的甚至认为越重要的就越不可能畅所欲言,而回避了这样的问题,其他问题则肯定难以透彻说明。老实说,许多人之所以不愿涉足当代史,就因为这一段历史迄今还难以从意识形态话语系统中完全剥离出来。

与意识形态的限制相比,材料所带来的困难似乎更具根本性。当代史的材料之多、头绪之繁杂、遍览之不易,那可能是研究"秦汉史"的人所难以想象的。就以对历史学的学术史研究而言,当代有多少专业期刊、多少综合杂志、多少大学学报、多少以书代刊的论丛、多少会议文章结集、多少史家的成果、多少论文、多少著述、多少领域、多少方向、多少专业、多少专题、多少博士论文要看,能看得过来吗?别说"竭泽而渔"了,就是拣最基本的东西看也不容易。而且,这些散在的材料又大都未经过任何哪怕是初步的整理和编排。这和我们上面所说的"秦汉史"研究完全不同:第一,"秦汉史"的文献材料有限,就《史记》《汉书》《后汉书》和《三国志》等几部书;第二,这些极为有限的资料也

---

[1] 孙思白:《试论历史与现实的联系与区别》,载红旗杂志社编《历史研究的理论与方法》,红旗出版社,1983年,第106页。

已经过许多人的深加工,如整理出的有秦汉官制史料、秦汉经济史料、秦汉农战史料、秦汉哲学史资料等。与研究古代史相比,治当代史者在浩如烟海、汗牛充栋的材料上所花的搜集鉴别与披沙拣金的功夫要大得不成比例。

更重要的是,首先治当代史可能需要更多、更深刻的洞察力和判断力。譬如,在关于中国古代的学术史叙事中,学界大都沿用一条基本的叙事线索:这就是所谓的"先秦子学""两汉经学""魏晋玄学""隋唐佛学""宋明理学""乾嘉朴学"等,这样的概括在提供许多东西的同时当然也会遮蔽更多的东西。但是,这毕竟会给你指出一条途径,使你不至于像在失去方向感的荒野上那样彷徨无路,而当代史则是这样典型的荒野。这种荒野感可能主要来自前边所说的材料太多太杂,以致使人目迷五色,不易把握变迁的脉络和主次的差别。其次,则由于距离太近,反而看不清楚对象的轮廓和边界。试想,你本人身在其中,周围的一切又都在变动,远不像已经消失的凝固在有限文献上的"古代"那样可以供你从各个角度静止地去观察,而现实的一切则可能是混沌一片乱丝一团,很难形成一种整体的感觉。换句话说,"距离太近"的历史是本然的历史,而"文献"上的历史则是前人记录整理后的结果,后者事实上已经存在着一种秩序或"整体感"了。譬如,《宋儒学案》《明儒学案》《国朝汉学师承记》《清代朴学大师列传》等已经给了我们一种师承传授的系谱或学术版图了,甚至包括民国时期的学术版图我们也已经有许冠三先生的《新史学九十年》这样带有经典性质的著作了。我们身在其中的当代呢?不全靠我们自己去直接观察和判断吗？再者，"历史"的本质含义是"过程"，没有"过程"当然就没有"历史"。所以，当现实作为一个"过程"正在展开或尚未结束或最终的结果尚未呈现时，一般说来，对它作历史的研究和判断是有很大风险的，因为这个"过程"还不完整。正是在这个意义上，马克思说："对人类生活形式的思索，从而对它的科学分析，总是采取同实际发展相反的道路。这种思索是从事后开始的。就是说，是从发展过程的完成的结果开始的。"①因为，一个明确概念的提出，只有在事后，即在搜集和鉴别了材料之后才能得到。但是，过分强调这一点，那就等于事实上完全排除了当代史研究的可能性。我们知道，马克思本人进行了卓越的带有典范性质的当代史研究，这就是著名的《路易·波拿巴的雾月十八日》。实际上，问题的实质在于，在材料不充分或过程未终结时，准确地判断是否可能？已有的例证表明，这部分取决于洞察力的深浅，并不完全取决于材料的多寡。实际上，从绝对的意义上来说，材料永远没有充分的时候，相对于历史本身，任何材料都永远无法全息地反映外部现实；至于过程是否终结，也很难说，儒学产生于2000多年前，但至今仍很难说儒学所推动所介入的历史过程已经终结。总之，洞察力对任何时段的历史的研究都是必需的，只是当代史研究可能比古代史研究对洞察力的依赖程度更高。进一步来说，具有"一叶知秋"和"见微知著"的犀利目光是从事当代史研究的前提。

---

① 马克思：《资本论》（第1卷），人民出版社，1975年，第92页。

在笔者看来，当代学术史研究的最大问题是利害关系太大。也就是说，当代学术史的创造者还在，历史的当事人还在，不但"还在"，而且说不定仍在"当道"。即使当事人不在了，但当事人的学生、弟子、追随者还在，即使学生、弟子不在了，其再传弟子、学统、门派还在。这样，人们就会从名字的有无和地位的高低来决定认可一篇当代史研究文章的程度。于是，学术问题会很自然地演变为"人事"问题。当代史的难写，可以说没有甚于此者！早在1992年，笔者在《历史主义思潮的历史命运》一书的"后记"中，就已经对此有所体会了，只是远不如现在深刻罢了。当时我说：当代人撰当代史，免不了冒点儿风险，这是因为当代史的创造者们仍然健在，偶有失慎、失误或失真，创造者们如果现身说法，作者定会陷于被动、尴尬的境地，这当然不像研究千百年前的历史，死无对证，此其一；其二，由于所研究的时代刚刚过去或还未完全过去，这个时代给不同的人的感受又很不一样，对这个时代或憎恶或怀念的情绪仍在感染着人们，研究者很容易受这种或那种情绪的影响而不能十分冷静地对待其中的人和事，从而出现偏颇；其三，当作者与某些仍然健在的研究对象有某种感情上、精神上的联系而不能认同于他们当年的某些观点或做法时，是一件很棘手很麻烦的事。如实评述吧，心有不忍，心有不安，为尊者讳为贤者讳吧，又与实事求是的精神相背，进退两难。这就是笔者当时的感受，但这些感受还明显局限在学术本身上。事实上，问题比这里说的要严重得多。这当然让不少聪明人知难而退。

在历史研究领域，当代史研究的状况似乎最不令人满意。原因除了上述几点外，实际上还有一些认识上的谬误也起着不小的阻碍作用。

认为当代人写不好自己的历史，自己的历史只能由后人来写，从而认为后代研究前代、隔代写史，是历史研究的常态，就是其中一个根深蒂固的现代性偏见。这种偏见赖以流行的预设是，同时代的人、前人自己不认识自己，自己看不清自己，只有到若干代甚至几十上百代之后才能由别人看清自己、认识自己。多年来，史学界就是在这样的认识偏见指导之下搁置了当代史研究的。应该说这种认识不无道理。尽管那些历史刚刚逝去、余音未绝，但历史当事人的沉默、失语和成功者的控制、筛选，使近现代史、当代史也变得迷雾重重。但同时也应该看到，这种认识几乎完全抹杀了当代人写当代史所具有的后人所不完全具备的若干优势。其中最大的优势，就是当代人能直接观察、亲身感受、耳濡目染当代史本身，至少能部分地直接观察到历史的所谓"本来面目"。谁都知道，历史学家历来主要是通过耳朵而不是通过眼睛来研究历史的。假如说历史学家是通过研究的话也是借用别人的眼睛来看历史，譬如说，秦汉史家们只能通过司马迁和班固的眼睛来看历史等。他们的著作固然都带有"实录"的性质，后人通过他们的眼睛固然看到了部分真切的历史，但他们没有看到的，或不想让后人看到的，或他们认为没有价值而实际上价值很大的历史后人永远也看不到了。兰克认为撰写历史最好能"如实直书"。笔者曾指出，当兰克们在撰写历史时，"历史"本身早就不在了，"实"早就消失了，"如实直书"又从何谈起呢？当兰克的中国弟子们写"秦"的历史时,"秦"本身早就灰飞烟灭了,如何"如实直书"?应该说,"如实直书"的治史理念也许只有在治当代史时才能部分地变成现实——唯有它可以部分地诉诸历史本身来检验。所以严格地说,最可能真实的历史是当代史,因为在你描摹它时它还在,至少它还存在于你的印象和感受之中。笔者实在不敢相信,几十上百代之后的人比曾经生活在"毛泽东时代"的人更能写好"毛泽东时代"?正如笔者实在不敢相信,今天的史家竟能比司马迁更能写好秦末汉初的历史一样。

经验告诉我们,我们要想彻底了解一个人,最好与这个人朝夕相处一段时间;我们要想了解一个时代,最好能对这个时代有某种切身的感受,最好能在这个时代生活过一段,然后再跳出这个时代。人们常说,写历史最好能设身处地、感同身受,也就是说,最好能"回到现场",那么,基本在"现场"范围之内或离"现场"不远的人当然理应比不在"现场"或远离"现场"的后人更有资格和可能写好这一段历史。他(她)们尽管有种种局限,特别是容易受到他(她)们所属集团的"集团假设"或"集体偏见"的制约,有可能使他(她)们"一叶障目不见泰山"——其实没有任何一个时代的人能摆脱"偏见"和"预设"来赤裸裸地面对历史,后人研究前人时也同样会受到"偏见"和"预设"的左右,"现场"的直接观察毕竟会使史家感受到历史真实的存在,而不必像后世史家那样再通过对所谓"材料的批判"和所谓的"去粗取精"来获得真实的历史。这当然并不是说,所有身在现场的人都能写出真历史,这里只是强调,对于那些具备深刻的历史洞察力的人来说,研究当代史所受到的局限比研究古代史所受到的局限并不更多也并不更大。相反地，一个连自身所在的时代都看不清、看不透的人，你如何指望他（她）能看清早已消逝了的"秦汉社会""魏晋时代"？他（她）仅根据偶然遗留下来的若干死材料就能穿透一两千年时间屏障的洞察力靠什么来取信于人？

大浪淘沙。时间之流不知过滤掉了多少对认识历史而言最有价值的材料、信息、线索和现场感，使许多对当代人而言是常识的东西有可能永远变成后人难以索解的历史之谜。一方面倡导"写如实在发生一样的历史"，一方面又竭力回避或有意无意压抑最有可能成为这种历史的当代史研究，实在是历史研究中的一个悖论。而这一切从认识上都可能根源于上面所说的那种现代性谬误：总是顽固地认为后人比前人更聪明、掌握的真理更多、受到的局限更少，只有站在前人肩上才能对历史看得更清，这大概也是进化论所导致的一个后果，是"现代性自负"在历史认识论领域中的一个突出表现。

另外，当代史的难写和难做还有一个非常重要的因素，那就是当代的话语系统与中国历史本身所存在的巨大距离，而且，这个当代的话语系统还几乎完全来源于西方，换句话说，近百年来我们用来描述中国历史的概念工具基本上是西方的。这大大增加了把握历史真相的难度。最迟从18世纪开始，"西方话语"凭借经济、政治、科学实力做后盾，形成一种笼罩全球的"话语霸权"，物质实力相对弱小的民族和国家在强势"西方话语"的全方位渗透下日益"失语"。中国文化也面临着同样的命运。在全球化的背景下，能否写出本土化的中国历史？在西方话语成为主流话语的时代，我们还能否读到原汁原味的中国历史？我们还能否走入中国历史，真正感受历史的真实？"西方话语"对中国历史的渗透事实上从20世纪初期就已经开始了，而在历史研究领域表现得尤为明显，20世纪以来人们对中国史的描述基本上是以"西方话语"为中介进行的。从话语系统的角度看，中国史学大约可以划分为三个阶段。第一阶段是"中国史在中国"。晚清以前的正史编撰，是中国在没有他者做映照的前提下的自言自语，没有任何的自觉，更谈不上批判和自省，处于黑格尔所描述的"原始的历史"阶段。他们贯彻了"君君，臣臣，父父，子子"的思想，把历史写成了帝王、朝廷、贵族的历史。包括《清史稿》的编纂，编者们虽然生活在20世纪的背景下，但他们的精神与所描述的历史完全同调，没有对历史的任何反省。这种历史的长处在于原汁原味，未经污染，而短处在于它没有任何的批判观念。第二阶段是"中国史在西方"。梁启超开启了这种历史研究状态，其实质是用西方话语来描述中国历史，用西方程序对中国历史重新编码。这一阶段，大量新观念、新词汇、新思想源源不断地涌入，中国人开始运用"革命""阶级""社会"等西方概念来描述、评析中国历史。这时由于人们在思想上预设了一个"一般""普遍"的存在，而这个"一般"与"普遍"又主要以西欧为载体，所以，在学者的意识深处，以欧洲历史为"主干"、为"典型"、为"标准"、为"正常"，中国社会则成为"例外""化外""变种"和"早熟"，总之是"非正常"。譬如马克思就称"中国是文明发展早熟的小孩"等。

中国的历史话语被改变了,用这种话语写出的大都是不带中国味的中国历史。最典型的是"亚细亚生产方式"这一概念,这是从西方视角对中国历史的一种改写,实质是披着东方外衣的西方主义。现在看来,欧洲人的手电筒只照到了中国人的一面,有意无意之中,他们忽视了中国的另一面。中国也有灿烂的传统文化,也有繁荣的商品经济,也有活跃的土地买卖,也有繁华的都市生活。西方人把文化的空间差异还原为文化的时代差异,把历史演化路线的民族差异还原为社会发展阶段的差异,从而把横向问题还原为纵向问题,这是"欧洲中心论"的基本预设,没有事实根据,是胜利者的神话!这种预设强行把中国的过去纳入西方历史阶段的序列,使中国历史失去了本来面目。这样做当然也有其长处,具体表现在两个方面:首先,它对中国历史保持了反省的立场,看到了中国文明的短处,属于黑格尔所说的"反省的历史"阶段。其次,这是一种把中国历史与社会科学的基本原理、与全球史、与普世价值相联系的历史叙事。第三阶段是"中国史重返中国"。这也是我们目前正在经历的阶段。所谓的"中国史重返中国",是指重新寻找中国史自身发展的基本线索,扎根于中国经验,而不是西方经验当中。这也就是所谓的"中国中心观"。这一思潮推动了20世纪90年代中国兴起的本土化运动,反映了中国历史的独特性质。这和中国的市场经济成功有密切的关系,中国已经完全按自己的方式来实现经济增长方式的转变。当然,"中国史重返中国"正处于起步阶段,在各方面还存在着很大的问题,尚不能令人满意。如何在"西方话语"仍是主流话语的背景下重建本土史学、重现属于中国自身的历史,"从西方话语中拯救中国历史",当然还有赖于学术界作更深一步的探讨和研究。其中,清理"西方话语"与中国历史本身相结合过程中所存在的经验教训,当是关键一环。

正是出于这一认识,我很愿意向读者推荐青年学者蒋海升的《"西方话语"与"中国历史"之间的张力——以"五朵金花"为重心的探讨》一书。"古史分期"问题论战、"资本主义萌芽"问题论战、"农民战争"问题论战、"土地所有制形式"问题论战、"汉民族形成"问题论战,20世纪50年代史学界的这五大事件被后人称作"五朵金花"。近20年来,从学术史、问题综述和史学思潮的角度论及"五朵金花"的著述不少,但从话语系统和概念工具的运用这一前沿意识出发的探讨,还非常少见。此一书稿正是这若干"少见"成果之一种。在前人研究的基础上,此书稿下力清理了"西方话语"成为20世纪史学界"五朵金花"大讨论中主流话语的过程,分析了"五朵金花"问题讨论所依托的理论预设、所使用的主要概念,指出"五朵金花"问题讨论的展开,实质就是使用"西方话语"对"中国历史"进行编码而产生的分歧,使用基于欧洲经验提出来的理论模式和概念,而这些概念和模式与中国历史事实存在着较大距离,这种难以跨越的距离正是构成"五朵金花"讨论中出现诸多分歧的原因。这些大论战的此起彼伏、接连不断,可以看作是中国事实、中国经验对西方话语和外来模式的反抗!作者同时指出,"西方话语"与"中国历史"虽然存在种种距离,但它毕竟带来了新的观察视角和概念工具,毕竟使中国历史朝社会科学化方向迈出了重要一步，毕竟开启了历史研究理论化的进程，从而使历史研究取得了前所未有的成绩。作者的这些认识均堪称真知灼见！总之，作者力图客观准确地呈现1949年以来马克思主义史学的真实面貌，这不失为当代人写当代史的一种积极努力。值得欣喜的是，作者在写作过程中，严循学术规范，所能到手的资料可以说网罗无遗，证据的坚实程度自不待言。至于结构合理，行文流畅，思路清晰等，尚属余事。因此，此一书稿可以视为当代史学学术史研究上的一项重要成果。当然，此书也还有一些不足有待弥补，一些地方不够精细，另有若干章节有待加强，个别提法尚需打磨斟酌，等等。这些都说明，作为一名学术新手，作者前面的路还很长，还需付出很多甚至更多的艰辛！我们期待包括作者在内的一代青年才俊尽快成长起来。

作者附记：本文系作者为蒋海升著《"西方话语"与"中国历史"之间的张力——以"五朵金花"为重心的探讨》一书所作序言，该书于2009年10月由山东大学出版社出版。

(原载《山东社会科学》2009年第11期)

发掘乡村：21世纪初叶中国历史知识的增长点

我们关于过去的知识、知识结构是怎样产生、形成和改变的？应该说，这是一个值得探讨的问题。来自知识社会学的解释说：知识状况的改变一般说来取决于外在于知识本身的某些社会要素的变动。历史知识的结构性转换当然也是这样。但也不能否认，我们有关过去的知识有时也来源于某些极其特殊的机缘。例如，20世纪初叶那些并不"必然"的史料大发现，就在相当大的程度上改变了我们关于过去的知识和想象。甲骨文的出土、敦煌石窟的发现、青铜彝器的面世、"流沙坠简"的重见天日和内阁大库档案资料的救出，这些一个跟着一个激动人心的大发现，迫使史学家们重写了许多历史。21世纪初叶的史学界还会有这样的幸运吗？回答恐怕是否定的。这样的集中发现大概是千载难逢、可遇而不可求的。假如是这样，那么，新世纪史学界的知识生长点在哪里？这当然是个见仁见智、言人人殊的问题。在笔者看来，在21世纪初叶，有一个发现可能能与20世纪初叶的史料大发现相提并论，那就是乡村的"发现"。

人们最容易忽视的往往是那些他们最为熟悉的事物。虽然我们一直生活在"乡土中国"之中、农耕文明的笼罩之下,但半个世纪以来,乡村研究却一直缺席,原因就在于,几乎每一个人、每一个阶层,都对生存于其中的"乡村"(我们的所谓"城市"长期以来也是"乡土化"的城市)"耳熟能详",并未视为值得研究的"问题",此其一。其二,乡村在学术上的"湮灭"与"重现",在一定程度上折射了20世纪中国所发生的重要变迁。对乡村的研究与乡村自身的历史命运息息相关。在去年发表的一篇相关书评中[①],我曾表达了我对这一点的感慨:在古老的华夏大地上,飞速发展的工业文明目前正在疯狂地、一日千里地吞噬着农耕文明,乡村社会正在成片成片地急剧消失,作为整个人类摇篮的、绵延了数千年的带有中古风味的原始村落正一个个地被整齐划一的现代建筑所取代,田园牧歌似的乡村生活即将成为昨日的记忆。只有那些已经或即将消失的东西才值得珍视。欧美史学史上的一个基本事实是,对中世纪的研究开始于工业革命完成之后,正是因为乡村的消失刺激了对乡村的研究。中国的经验似乎也说明了这一点。20世纪前半期,乡村的解体与对"乡土中国"的观察同步展开;1949年后,当我们在巩固或重建农业文明时,对乡村社会的研究也就中断了;而当20世纪80年代,特别是20世纪90年代以来,乡村社会的解体过程重新启动并加速展开时,这正是包括"乡村社会史"在内的乡村研究再续前缘、愈加繁荣的时期。这种反向关系究竟蕴蓄着一种什么样的文化信息?无法确知。一种可能的

---

① 《历史研究的民间取向值得倡导》,《史学理论研究》1998年第3期。

猜测是：这或许是对一种已经或即将终结的文明形态、生存状态的凭吊。现代化、工业化本身是一种古典意义上的悲剧，它给人类增加福祉的每一个行动，总是要以毁灭那些最有人间温情的东西为代价，其中最重要的是对淳朴乡村的毁灭。正是在这种背景下，同时亦在新引进的所谓"后现代"视域内，乡村和乡村的价值，再次被"发现"。

中国社会、中国历史的秘密、密码、内核和本质，深藏在即将成为废墟的乡村之中。秦汉以来的中国历史的确可以归结为一部乡村史，几千年来的中国社会是一个乡村制导的社会。历史上那些最重要的暴动、动乱、起义和革命均发源于乡村，直到今天，乡村仍然是参与塑造中国现实与未来的重要力量。"翻天覆地"的中国革命是"农村包围城市"的结果，20世纪70年代末期开始的持续至今的"二次革命"也依旧是从乡村引燃，成为中国未来最大变数的"民主直选"还是选择最缺乏民主意识的村落作为起点和"试验田"，……灾难与希望并存、毁灭与新生同在、过去与未来交织，这就是中国的乡村！这就是中国的乡村对学界的魅力所在！从眼下来看，中国最重要的问题是乡村的现代化问题，最深刻的社会变迁是乡村的变迁，最剧烈的转型是乡村的转型。这种变迁和转型，将为整个世界提供现代化的中国经验，从而把中国的乡村推到世界的焦点位置。西方国家的大批社会学家、人类学家纷纷涌入中国的乡村做"田野工作"，说明中国经验对检视所有现代化模式的价值。除上述诸点外，乡村对历史学家的特殊性还在于，作为"社会化石"，乡村至今仍储存着大量往古社会的信息，在这里可以对历史发出最幽深的叩问和唤醒对遥远历史的记忆。尽管今天的乡村也早已受到商业社会的侵蚀，但它仍然不失淳朴，去古未远，只有在这里，我们才能重建已经失去的世界，重温持续了几千年的那种中国人特有的存在方式。

学界的"中国研究"已经经历了从整体社会研究向区域社会研究的转变，20世纪90年代以来，特别是当前，"中国研究"似乎又在发生从区域社会研究向社区社会或微型社会研究的移动，这就是村落社会研究的出现。应该承认，对村落社会、"乡土中国"的研究和田野调查，正在成为当前的社会学、人类学和历史学诸领域所共享的一个话语中心。《中国社会科学》《中国社会科学季刊》（香港）和《二十一世纪》（香港）都曾编发过相关论文或开辟过相关专栏，特别是一批乡村研究专著的出版，更能表征学界对乡村的兴趣。王沪宁的《当代中国村落家族文化——对中国社会现代化的一项探索》、王铭铭的《村落视野中的权力与文化》和《社区的历程：溪村汉人家族的个案研究》、黄树民的《林村的故事：1949年后的中国农村变革》、美国杜赞奇的《文化、权力与国家——1900—1942年的华北农村》、陈支平的《近500年福建的家族社会与文化》、钱杭和谢维扬的《传统与转型：江西泰和农村宗族形态》、从翰香主编的《近代冀鲁豫乡村》、魏宏运主编的《二十世纪二三十年代冀东农村调查》、马新的《两汉乡村社会史》等著作，让笔者深感一个通过跨学科的方法来立体透视乡村或村落社会的学术趋势已经出现，其势头看来将继续得到加强。

在研究中国的现代乡村社会时，我觉得历史学家务必借用社会学家、人类学家的"作业方式",特别是他们的"田野调查"方法。来自微观层面上的消息,完全可以刷新我们对整体社会和历史全局的认识。作为例子,这里想结合黄树民的《林村的故事》[①]一书,谈谈田野调查的功能。黄氏为美籍华裔人类学家,1984年11月至次年6月在林村(化名)做田野工作。此书所说的林村是一个坐落在厦门市北端十公里处约一千人、二百户的闽南村庄,隔海与小金门相望。在此期间,他对该村党支部书记叶文德的经历进行了深度访谈。同时他又使用人类学的最主要工具:参与和观察,一一搜集有关该村的历史、风俗、宗教信仰等种种资料,以这些资料来印证和补充叶文德的经历,并融合作者的人类学知识,写出了这部"民族志"体裁的专著。作为"一本有关1949年之后的林村和林村人的民族志",本书主要描述了该村党支部书记叶文德个人的"生命史"和他眼中林村的变迁史。"叶书记是黄树民研究中最重要的报导人、林村社会变迁的灵魂人物,整本民族志……是通过他一生的经历为主轴而展现出来。""此书的出版,不仅为中华人民共和国建国以来,国家对农村的影响做下了一个由地方干部和农民观点的记录,还由他们的观点提出了公正的评估。"这本书以叶书记个人经历来反映林村的变化,又以林村的变化来折射整个中国乡村社会的历史,进而导致人们重新思考下列较为重大的问题:政府介入农村生活,深入农村的基层组织并加以控

[①] 黄树民著,素兰、纳日碧力戈译:《林村的故事》,北京:生活·读书·新知三联书店,2002年,下边的引文、引述见该书"前言"与两篇"序"文及书末"跋"文。

制的本质；地方领导的结构，以及它如何在政府和农民之间扮演缓冲的角色；农村生活中，家庭、血亲和非血亲的社会关系所扮演的角色和定位等。

中国自古以来的乡村社会都值得研究，21世纪以来的乡村社会结构变迁尤其值得探讨，因为它不但构成了当前乡村所有问题的直接背景，而且也为解读以往的乡村提供必不可缺的经验基础。在研究21世纪以来的乡村社会时，我认为黄树民的人类学田野调查对我们具有特殊的意义。保存在历史文献上的"乡村"当然需要研究，但不研究它它也不会丧失，而实际生活中的乡村再不去调查和"参与观察"就有可能失之交臂。为了给一个世纪的苦难、变迁、革命、运动、战争留下真实的文本、留下普通大众对历史变迁的切身感受和直接观感，历史学家应该而且必须与社会学家、人类学家结伴走向"田野"。应该说，就某些历史事件的田野发掘来说，即使现在下去也为时已晚。黄宗智曾指出：在研究中国革命时，要想获得关于中国革命的新知识，突破过去几十年在分析概念上的困惑，我们需要大量与以往不同的资料，其中最主要的是关于革命运动、革命者最初接触到乡村社会时的真实状况的资料。在他看来，现在还有可能通过地方档案和当事人的回忆来获得解决问题的微观层面的资料[1]。但他强调，现在能够提供这种回忆的人的数量正在迅速减少。黄氏这里所指，可能是"土改""翻身斗地主"时的情形，领

---

[1] 黄宗智：《中国经济史中的悖论现象与当前的规范认识危机》，《史学理论研究》1993年第1期。

导、运动"土改"的人现在至少是70岁,对这一乡村变动的田野调查,当然带有抢救历史的性质。对此后影响传统乡村解体的"合作化""高级社""大跃进""人民公社"及所谓的"三年自然灾害"等运动和事件的发掘,看来也应抓紧进行。对20世纪中国社会结构转型的研究离不开来自"田野"的信息,无视这种信息的研究不能不提供虚假的内容。研究这段历史固然离不开已经准备好的"历史资料"和其他文献、报章、决议、报告和档案等。但这些官方资料只能为这段历史提供一个编年框架,而这个编年框架的真实内容看来只能来自上述资料与微观层面上的信息之间的比较参证。谁如果研究"大跃进"和"三年自然灾害"的历史仅仅依靠当时的报纸和文件而不顾那场灾难的主要承担者乡民的感受,由此产生的历史知识的可信度有多大是可想而知的。

应该看到,各类学者包括文学家对乡土信息资源的争夺眼下正愈演愈烈,历史学家在这场争夺战中早就显得十分被动。在阐释20世纪的乡村方面,又是文学家们走在前面,张炜的《古船》和陈忠实的《白鹿原》,可以说为我们提供了比较真实的现代乡村图景。许多为史学家所无法触及的基本史实都躲避在这些小说或其他"虚构"的故事里。"小说家编造谎言以便陈述真实,史学家制造事实以便说谎。"那些企图将史学还原为文学的后现代主义者的这种调侃①,验之于当前中国的一批现实主义作品和纪实报告,不能说毫无根

---

① [美]艾尔曼著,赵刚译:《经学、政治和宗族——中华帝国晚期常州今文学派研究》,江苏人民出版社,1998年,参见该书"代中文版序"。

据。历史学家把大批读者让渡给文学家的原因之一，是因为他们未能及时地走向"田野"。在走向"田野"方面，历史学界应该说也正承受着来自人类学界、社会学界方面越来越大的压力。我在前面列举了一些近年所能见到的研究乡村的书目，应该承认，其中那些精彩的著作可以说都是社会人类学家的作品或跨学科的作品，历史学家依然耕耘在"过去的田野"上。面对兄弟学科越来越深刻的挑战，历史学家尤其是那些专攻近现代史的历史学家，难道还能心安理得地把自己锁闭在书房和资料室里，而白白放弃直接感受当代历史、亲身收藏残存在"田野"中的历史的机会吗？

（原载《山东大学学报》1999年第3期）

中国历史学的再出发

——改革开放40年历史学的回顾与展望

与社会历史进程同步共振,历来是史学演变的基本规则,改革开放40年来的中国历史学也同样如此。"文革"结束之初,历史学曾深度参与此后波澜壮阔的思想解放运动,成为中国改革开放史的重要创造者,在"拨乱反正"中起了特殊作用。"历史动力""近代史线索""洋务运动性质""中国封建社会长期延续""农民战争作用"等问题的讨论,既是思想解放的成果,又推动了思想解放的发展,在这个过程中,史学彰显了不可替代的作用。在此后社会大变革的许多重大时刻,历史学也一直扮演着一个积极而主动的角色,与时代同频共振。

党的十八大以来,中国取得了改革开放和社会主义现代化建设的历史性成就。中国特色社会主义进入了新时代,这是我国发展新的历史方位;中国日益走近世界舞台中央,不断为人类做出更大贡献;我们比历史上任何时期都更接近、更有信心和能力实现中华民族伟大复兴的目标。这给人们回顾改革开放以来的历史学提供了契机。回顾并梳理改革开放

40年历史学演进的主要脉络和趋势,总结和掘发其中所昭示的不足和教训,展望未来一段时期中国历史学发展的前景,是本文的写作初衷。

一、40年来中国历史学的三大趋势

(一)马克思主义史学在深度调整中继续前进

"文革"结束之后,史学界即开始了对这一时期马克思主义史学的反思。当时一部分学人以20世纪60年代初期的历史主义清算"文革"中流行的"阶级观点","回到60年代初期去"成为许多人的选择,但更多的人则呼吁"回到马克思去",以马克思的经典为依据,对马克思主义史学进行正本清源,以澄清人们的困惑与误解。放弃"以阶级斗争为纲"的历史学,是这一时期史学界在"拨乱反正"方面所达成的最大共识。然而随着改革开放和思想解放的深入推进,随着西方史学和各种思潮的涌入,史学发展的外部格局日趋复杂化,马克思主义史学遭遇了有史以来最严峻的挑战。因此,如何使马克思主义史学在新形势下重新焕发生机,成为学人必须面对的问题。经过各方努力,特别是随着2004年"马克思主义理论研究和建设工程"的实施,马克思主义史学已经巩固主流地位。尽管如此,马克思主义史学如何进一步强化自己的优势和特色,仍是一个绕不过去的问题。在中国史学多元并存的格局中,马克思主义史学有必要从学术理念上继续强调史学与生活、时代、社会的紧密联系,发挥史学在新的历史创造中的作用,在坚持跨学科治史路径的同时，重拾其"问题史学""宏观史学""民众史学"的学术特色与优势，应是其发展的最佳选择。更重要的是，马克思主义史学尤其需要对当代社会发展的主要议题做出深度回应，以彰显唯物史观的理论活力。当下，中华民族伟大复兴构筑新的中国历史和世界历史的概念框架，正是马克思主义史学摆脱困境、光大固有优势的难得机遇。

（二）西方史学的涌入与中国史坛的结构性变动

闭关自守状态被打破，全面融入世界史学的进程之中，是40年来中国史学发生的另一重要变化。改革开放后中国史学的每一步发展几乎都没离开世界史学主要流派的影响。率先对中国史学界造成冲击的是法国年鉴学派。此学派以"总体史""跨学科"和"眼光向下"为核心主张，将社会学、心理学、经济学等社会科学的方法、工具大量引入历史学，推动了历史学的社会科学化进程。年鉴学派在帮助中国史学界消除"阶级斗争史学"影响的过程中发挥了重要作用，推动了社会史研究的兴起。继年鉴学派之后，对中国史学发展走向产生重大影响的是美国"中国学"。这一史学模式借鉴人类学、新文化史的理论和概念开展区域社会史研究，创造出"区域市场模型""士绅社会"等解释范型，揭示和剖析了中国历史被隐匿的层面，显示出新的阐释力，深刻影响着国内史学的走向。在这些理论的示范下，史学越来越往社会科学化路径的纵深推进。

改革开放40年来，中国史学的社会科学化成果主要体现在社会史的全面复兴上。在跨学科治史理念的引导下，史学先后经历了社会学化、经济学化和人类学化这三种倾向，且从题材上越来越走向民间的历史、区域的历史和底层的历史。总之，西方史学的大规模涌入更新了大陆史学原有的观念框架，塑造了目前国内史学的基本格局。当下中国史学早已超越对西方史学的引介与模仿阶段而进入史家的思维深处，在与西方史学特别是与美国"中国学"进行学术交流对话的过程中发出自己的声音。

（三）国学复兴与乾嘉朴学风尚的新发展

如果说"文革"期间史家的思维模式深受"影射史学"的影响，那么改革开放至今，则是经验主义占据主流地位，而这一状况的形成，与"国学复兴"息息相关。

改革开放之初，史学界在清算"影射史学"和反对空疏学风时，不约而同地选择用考据学家或"史料派"的方法和尺度观察和评判史学界，遂形成了一股"回到乾嘉去"的史学思潮。这股思潮认定只有归纳才出真知，因而将目光主要集中在史料的搜集和整理上，从根本上回避理论思考。在对历史的宏观研究仍占主导地位的20世纪80年代，这种史学思潮处于非主流地位。但到20世纪90年代，学术语境明显发生转变，许多人纷纷从对重大历史问题的探讨转向文献考订，国学开始"复兴"。一些学人认为，将来最为稳妥也最具意义的研究是意识形态色彩最薄弱的传统典籍研究。正是这种心态使不少人回避"问题"，转向实证。

国学复兴当然还有更为深刻的背景。中华民族正处于伟大复兴的进程中，民族的复兴呼唤着中华文化的复兴作为支撑和基石；同时，随着经济体制改革的深入，道德危机、认同危机、价值危机的存在使古典人文主义的再生变得极为迫切。但愈演愈烈的国学复兴表现在学术和学科上则是中国古典文献学的崛起，而文献学的基本学术路向早在乾嘉朴学繁盛时期即已奠定。因此，20世纪90年代以来的国学热在学术层面上实际是80年代初"回到乾嘉去"思潮的逻辑延伸。回避理论、排斥概括的朴学传统的复兴，可能是国学复兴带给史学界的最大影响。从20世纪80年代到90年代，中国史学界完成了从对宏观理论探讨趋之若鹜到埋首实证研究的学风转换。

二、"以偏治偏"：40年来历史学发展中的主要不足

学派竞争和碰撞是学术发展的基本动力，正是改革开放为中国历史学发展提供了这种基本动力。改革开放40年中国史学所取得的辉煌成就，可以傲视20世纪上半叶中国史坛，甚至放在《春秋》诞生以来长达2000多年史学史的长河中，也毫无愧色。详细盘点这40年史学研究的成就，不是本文的任务，笔者只想在此指出，40年来中国史学的发展也存在明显局限。

40年史学的业绩是辉煌的，但也有不足和教训，其中，最主要的不足和教训是没有正确处理好历史学与现实的关系。以"拨乱反正"开其端的40年来的史学，先天带有某种远离现实政治的学术品格。但"去政治化"发展到极端，不免走向"以偏治偏"的歧途，成为史学逃避现实、埋头故纸堆的借口，产生一系列消极影响。

（一）在历史研究如何处理与现实的关系问题上矫枉过正

中国马克思主义史学从诞生之初就有着强烈的现实关怀。1949年以后，唯物史观派成为史学的主流，历史研究被全面纳入服务现实的轨道。但在"评法批儒"期间，历史学颜面尽失，沦为政治运动的附庸。于是"文革"一结束，学人痛定思痛，反思政治干扰学术的危害。"古为今用"的治史口号被"为历史而历史""回到乾嘉去"的新口号所取代。虽然20世纪80年代的"历史"并未完全脱离"现实"，但20世纪90年代历史研究中的现实因素，学者多有意避之。这一转向的影响一直持续到今天，使得历史学研究者多遁入象牙塔中，在最需要为社会发展和国家建设提供镜鉴的时候史学却不能及时发挥应有作用。事实上，"现实"并不必然是阻碍学术发展的因素，在许多情况下甚至是促进学术发展的积极因素。"二十四史"中，哪一部脱离了当时的社会现实和意识形态的需要？如果不是为了"清算帝国主义血账"，又怎么会有《中国近代史资料丛刊》的编纂？史学家亨利·皮朗说："历史学者的第一要务，是对生活怀有兴趣。"而"为现实而历史"则是年鉴学派的信条。这些教导现在都已被越来越多的年轻史学工作者所遗忘。

（二）重史料轻理论的偏颇

1949年后在"史论关系"的处理上，史学界主要经历了从批判旧史家的"重史轻论"，演变为"以论带史"，再从以反教条主义为旨归的"史论结合""论从史出"，不知不觉间，部分学人又重蹈"重史轻论"的覆辙。"过犹不及""以论带史"无疑应当废弃，问题在于此后相当一部分史学工作者在告别"以论带史"之后，一步步滑入了"史料即史学"的观念之中，在拒绝教条主义的同时，也拒绝"理论"和"思想"本身。重史料轻理论，忽视重大问题，走向"细枝末节"的考证，带来的另一个问题是历史研究的边缘化、微观化和碎片化。与此同时，有的历史学者还在不断解构宏大叙事，放弃了对历史的大脉络、大趋势、大波折、大走向的关注。即便在有限的理论探讨中，历史理论也逐步让位于史学理论，由对历史进程基本线索的追寻转变为对历史知识一般性质的探求。因此，当前史学界的最大问题，根本不在于微观研究的细化和深化，而在于同步对重大历史问题进行综合概括的回避。因此，历史研究必须重回对宏大背景的关注，必须从史学理论重回历史理论，着力构建基于本土经验的中国史观。

40年来史学的不足当然远不止此，拥抱西方史学，放逐"自主叙事"，历史评价伦理尺度的缺席等，都值得反思。限于篇幅，这里不再展开。需要特别指出的是，40年来史学的演进中存在着一种"以偏治偏"的倾向。"文革"是1949年后中国历史的一个巨大偏差，而在改革开放之初，反思"文革"、清算"文革"作为一种纠偏行为，难免"矫枉过正"，这是转型期不可避免的现象。"为历史而历史"是为了纠"古为今用"之偏，"史料即史学"是为了纠"以论带史"之偏，"碎片化"是为了纠片面重"宏大叙事"之偏，但这些纠偏的行为本身即存在巨大的偏差。这些偏差的出现，是和此前史学"对着干"的结果。现在看来，反思"文革"给史学开的是一剂猛药，效果显著，但服至今日，它的副作用已日趋明显。毋庸讳言,"以偏治偏"的存在有一定合理性,但这不应成为我们坐视史学滑向另一个深渊的理由,"以偏治偏""对着干""反其道而行之"与"背道而驰"的思维方式必须结束。当下,中国特色社会主义进入新时代又将史学推向了对历史与现实、史料与史观、宏观与微观、政治与学术等重要关系进行"再平衡"的十字路口。我们要做的就是汲取中华人民共和国成立近70年所积累的经验教训,在一种健康正确的路向下将中国史学推向新的境界。

三、将中国历史"中国化":新时代历史学展望

如同人们已感受到的,中国特色社会主义进入新时代后,中国的思想、学术、文化都在发生巨变。朝着更加本土化的目标重新定向,则是这一巨变的本质。历史学和其他人文社会科学一样,当下正处在整装再出发、再启航的关键时刻。

(一)本土化将是重新铸造未来中国史学典范的根本之路

随着中华民族逐步复兴,中国重回世界舞台,中国学术从根本上面临着一个转折点,即依托高度的文化自信,开辟出一条本土化的学术道路。对中国史学而言就是要构建一个本土化的中国史体系。这是当前中国史学面临的最大挑战。

史学本土化的当务之急是锻造一个中国史观。对中国历史的研究和探索,必须在中国史观的指导之下才能进行。当前中国史研究的主要任务是根据本土的经验和材料,通过大规模的综合概括,提炼出一个中国史观,然后在这个史观的

指导之下开展对中国的政治、经济、社会、文化、历史发展过程的系统探索。历史观就像一副眼镜，而西方观察中国的眼镜往往是有色的。西方人用有色眼镜无法完全看清甚至看错我们的来路与去向。中国史观的长期缺席，已成为制约历史研究前行的瓶颈。

可喜的是，越来越多的学者已经有意识地打破西方中心论，在研究中积极贯彻本土化的理念。许多学者认为，研究中国历史，不能将西方理论和经验生搬硬套用于中国历史研究。在诸如中国社会形态这些重大问题的讨论中，从中国本位出发已渐成主流。时至今日，用西方框架、西方模式呈现作为整体的中国历史经验这种现象在主流史学界已销声匿迹，这是近年中国史学给人的最深刻感受。把"中国史"从外来研究模式中搭救出来，脱掉长期穿在中国历史躯体上不合身的"西装"，可以说是近年中国史学界的一个重大进步。我们有理由相信，"中国史重返故土"的历程在未来若干年将会在更深程度和更广范围内展开。

（二）中国史家要有更大历史担当

在创造历史中研究历史，几乎是所有有抱负的历史学家的共同追求。美国历史协会主席里德曾经说过："历史学家的社会责任在于为当前解释过去。"法国历史学家马克·布洛克也强调："史学家必须与全部生活之源泉——现在保持不断的接触。"这不仅是说现实可以帮助历史学家们认识历史，更重要的是，史学家们必须关注和回应现实所涌现与提出的问题。

必须指出，中华民族伟大复兴对历史学家们具有特别的期待。中华民族伟大复兴包括中华文明的伟大复兴，那么即将复兴的文明具有什么内涵、具有什么样的价值追求就是首先必须回答的一个问题。无疑，历史学家回答这些问题具有特殊的优势。实现中华民族伟大复兴的中国梦，离不开对中华民族历史发展道路的正确认识与理解。尤其是一些攸关国运的重大方略的提出，为历史学家通过挖掘重大而具有现实意义的历史题材，更为深度参与国家振兴的历史进程提供了难得的机遇。如共建"一带一路"的提出，就为历史学家提供了参与现实创造的广阔舞台。近几年在知识界掀起阅读《丝绸之路：一部全新的世界史》[①]的热潮，就证明了人们对于了解丝路历史的迫切需要。尽管这部引起普遍关注的著作的作者不是中国学者，而是英国历史学家，但也的确反映了"现实"对"历史"的强烈渴望。

（三）中国史学应进一步加强在世界主流史学中的话语权

作为东亚文化的中心，中国史学曾经对日本、韩国和越南等周边国家史学的创立和发展起了非常重要的作用。自古以来，中国史籍在周边国家广泛流布，《史记》一直被这些国家视为编写史书的范本。中国的史馆制度也不同程度地促进了朝鲜、日本、越南等国对官方修史的重视。中国古代史书主要体裁如纪传体、编年体、纪事本末体等，也在中华文明圈内被广泛模仿。这些都印证着中国史学在世界史学史上曾经的辉煌。

---

① ［英］彼得·弗兰科潘著，邵旭东、孙芳译：《丝绸之路：一部全新的世界史》，浙江大学出版社，2016年。

历史学界已经意识到世界史学格局重构的重要性，并为此做了一些值得赞许的努力。众所周知，在世界二战史研究中，围绕二战中的亚洲太平洋战场的历史叙述主要基于美国视角，而欧洲史学界的二战研究则多基于欧洲视角。无论是美国视角还是欧洲视角，他们的焦点都集中在欧洲发生的反法西斯战争，没有或很少关注中国在1931年就已经开始的局部抗战。在西方的二战史研究框架中，中国的抗日战争对世界反法西斯战争的贡献被严重忽略甚至完全遮蔽。但近年来，中国学者站在鲜明的中国立场上，针对二战中中国战场的作用、局部战争和二战爆发时点、中国抗战与二战的关系、二战对战后世界格局的影响等重大问题推出了一系列研究成果，从而对现存的以欧美为主导的二战研究体系形成了强烈的冲击，在二战史研究中发出了洪亮的中国声音。二战史研究可谓中国史学在重大史学问题上冲破西方话语权垄断的一个范例。

最为重要的是，中华民族伟大复兴为加强中国史家掌握世界史坛话语权提供了条件。随着中国综合国力的迅速提升，对世界学术界来说，中国研究比以往任何时候都显得更加重要，中国问题正在成为世界学术界的中心议题。在2015年第22届国际历史科学大会上，"全球视野下的中国"成为四个主题讨论之首。这种情形，必将日益促进世界学术与中国学术的对话和交流，也促使世界学术界对中国学术表现出更多的尊重。可以想见，作为中国学术一支重要的方面军，中国史学也将在与世界史学界的合作与交流中赢得更为巩固的主体地位。

中国特色社会主义已进入新时代，历史发展将更加波澜壮阔。中国史学界必将顺应这一趋势，融入这一潮流，依凭40年来的丰厚积淀，汲取40年来的经验教训，立足本土，融通中外，创造出无愧于新时代的新史学。

（原载《中国高校社会科学》2019年第1期）

三

中国现代学术史上的顾颉刚

——写在《顾颉刚全集》出版之际

"在中国现代学术的开创者中,顾颉刚是最后一位离世的大师。'古史辨派'将与'乾嘉学派'一样,作为古典学史上一个特殊段落的标识,永远载入中国学术史中。"

对于人文学界来说,20世纪不但以"疑古"发端,还以"走出疑古"来宣告自己的结束,去今最为遥远的上古史竟纠缠了中国学术界整整一个世纪。无论赞成还是反对,以顾颉刚为领袖的"古史辨派",实际上已成为20世纪中国史学界、古典学界不可绕过的巨大存在。

"疑古"实际上仅是顾颉刚学术的一个侧面,严格说来,顾学是座结构宏富、深邃莫测的庞大宫殿,中国现代史学、历史地理、民俗学、现代经学、古籍整理等都是这座宫殿的有机组成部分。正是在这些领域的开拓与创辟之功,使顾颉刚成为中国古典学术的终结者和现代学术的先驱。

一、"开创历史学的新时代"

1923年5月6日,顾颉刚在《努力》周刊所附《读书杂志》第九期上发表《与钱玄同先生论古史书》,提出"层累地造成的中国古史"这一命题,引起了人文学界的巨大震荡,一场古史论战就此展开;1926年,顾颉刚将各方讨论汇编为《古史辨》第一册,使一个以"疑古"为旗帜的"古史辨派"在中国史坛迅速崛起,成为民国年间最有影响的学术流派。七册《古史辨》构成了民国学术史上的辉煌一页,是前后20年间这一学派巨大业绩的历史明证。

"层累地造成的中国古史"这一命题被后人誉为一个"伟大的科学发现",而此一发现在当时则充当了"轰炸中国古史的原子弹"。2000多年来,"三皇五帝""尧舜禹汤"千古一系的君统,"三圣传心""尧舜孔孟"的道统,以及以经学为主体的学统,"古代为黄金时代"的三代王制观念,一直是"封建"意识形态的基础。这些对传统社会性命攸关的意识形态内容,均立足于帝系即"历史"的叙述上,假如没有"三皇五帝"、没有尧舜禹启这些历史人物,就根本不会有所谓"黄金世界"和道统,失去这个根基,"封建"意识形态将全部坍塌。顾颉刚揭出上古史是层累造成的这一事实,并采用釜底抽薪、历史还原的方法,全面颠覆了"自从盘古开天地,三皇五帝到于今"的经学上古史系统,掀起了一场影响深远的"古史革命"。

这场"古史革命"赢得了时人和后人的广泛赞誉:"层

累说""替中国史学界开了个新纪元"(胡适语),并被认为"是一切经传子家的总锁钥……颉刚是在史学上称王了"(傅斯年语),"我们不能不承认顾先生是中国史学现代化的第一个奠基人"(余英时语),齐思和则认为"古史辨运动在中国近世史学史上的地位与十

顾颉刚先生像

九世纪初年西洋史家如尼布尔(Niebuhr)等人同垂不朽"。正是在上述意义上,邓广铭曾总结说:"在新文化运动中,在哲学史、思想史方面,胡适开创了一个新时代;而在历史学方面,真正开创了一个时代、代表新思潮的,应当是顾颉刚。"

今天看来,作为现代中国史料批判运动的发起人、领导人和主要推动者,顾颉刚对历史学最为不可磨灭的贡献,就是他奠定了历史考据或史料批判作为现代史学基本纪律的地位。现代史学的铁则是"拿证据来"!只要这个铁则还不过

时，只要历史研究还需要审查证据，顾颉刚和"古史辨派"的工作就不会过时。中国历史上最需要严格审查的一批证据，就是关于上古史的文献——不管是传世的还是出土的，因这批文献全出自后人的追述和传说。其中几乎没有任何为现代史学所认可的"一手材料"或"原始文献"可言。顾先生和"古史辨派"的不朽业绩，就是按照现代史学的规范，启动了对这批文献的审查程序。应该说，这一审查迄今并未完成，甚至还会一直进行下去。

二、中国现代历史地理学的奠基者

将传统的沿革地理推进到现代历史地理学，是顾颉刚对中国现代学术史的又一不朽贡献。在清理《尚书》的《尧典》《禹贡》时，顾颉刚感到问题复杂，几乎牵涉中国古代全部地理，遂移师历史地理，于是有了《禹贡》杂志的创办及禹贡学会的成立。《禹贡》半月刊之英文译名为 The Chinese Historical Geography，即中国历史地理，可以说，从名称到研究内容，中国现代历史地理学的奠基，都与禹贡学会密切相关，顾颉刚本人则在这个过程中，成为中国现代历史地理学的创始人。

如果说将沿革地理推进到历史地理是出于学术自身的考虑，那么，禹贡学会从最初的古代地理研究入手，向后来的民族史与边疆学的转移，则是顾颉刚们以学者的身份报效国家的明证！《禹贡》发刊词说："大家希望有一部《中国通史》出来，好看看我们民族的成分怎样，……民族与地理是不可分割的两件事,我们的地理学既不发达,民族史的研究又怎样可以取得根据呢?"《禹贡学会募集基金启》则指出:"救国之道千端万绪,而致力于地理,……固为其最主要之一端也。"边疆史地的研究从此发端。

顾氏在培养历史地理人才方面的成就尤其辉煌,中国现代历史地理学中的大家名家全部出身于顾氏家门(杨向奎语)。并称为中国现代历史地理学"三驾马车"的谭其骧、侯仁之和史念海,都曾是顾颉刚的学生。他们循着顾氏之门径,发扬光大了顾氏的研究业绩,今天上海、北京、西安等历史地理研究中心,即围绕他们及他们各自的弟子所形成。

如果说顾氏在其他方面的研究尚存争议的话,顾颉刚在历史地理方面的卓越成就和深远影响,则赢得当今学界的公认。

三、"邃于经学":中国学术结构性转换中的关键人物

"化经为史"是中国现代学术的发端,也是中国现代学术的伟大使命,顾颉刚以"经学之结束者"与"古史学之开创者"自任,成为"化经为史"过程中最具自觉性和代表性的学者。

以"四个打破"和推翻帝系、王制、道统、经学四偶像为目标,顾颉刚前半生"化经为史"的业绩,主要表现为"把孔子这个偶像和历史分家",即剥离经学中的伦理性与政教色彩,还原经学的历史性,以史学观念取代经学信仰,其

着力点在于"破坏"经学古史系统，我们可称之为"化经学为史学"。

中华人民共和国成立，打碎王制、道统，否定"封建"思想与礼教，乃至砸碎一切"旧"的东西，经学中的伦理性已荡然无存，顾颉刚这位昔日将经学赶下神殿的猛将，这时反倒逆主流而动，坦言自己"今后想着重研究经学"，"把'经学'变为古代历史资料的部分"。此时，他的工作重点，由仅限于战国秦汉时人想象中的上古史，进而趋入上古史本身，由"破坏"转移为"重建"，这成为顾颉刚后半生所努力的方向，而这一工作主要集中在他对《尚书》的整理与研究上。

研究重点的转移，使顾颉刚对《尚书》学研究的关注点，也由伪古文《尚书》转移到今文《尚书》，此一时期，他不再是"不立一真"，而是"化经书为史料"，即借助文字学、音韵学、训诂学、辨伪学、校勘学、版本学、目录学、金石学，乃至考古学、天文学、土壤学、农学、科技史，在经学圣道王功的空气中，寻出可以用为史料的"真"，这便是他对于古史的"建设"。

神圣经学的结束与现代史学的开创，是学术发展的必然趋势，顾颉刚最早清醒地认识到这一趋势，并主动承担起这一学术与文化使命。从"破坏经学古史系统"到"建设真实的古史"，从"化经学为史学"到"化经书为史料"，将"破坏"与"建设"这两个看似相反的路径，完美地结合于"化经为史"的学术实践中，顾颉刚因此成为近现代由经学向史学的结构性转换中的关键人物。

四、中国现代民俗学的"开路人"

20世纪中国民俗学始终伴随着一个名字,那就是顾颉刚。他以现代史学家的眼光和手段,使我国民俗学在发端与奠基之时,即获得了一个很高的起点,并为民俗学提供了一系列研究范本:《吴歌甲集》提供了区域民间文学的研究典范,《妙峰山的香会》提供了田野作业的典范,而《孟姜女故事研究》则提供了研究故事传说的典范。

1918年北京大学发起征集歌谣活动,揭开了中国民俗学运动的序幕,顾颉刚所整理的《吴歌甲集》,被胡适称为"独立的吴语文学的第一部""给中国文学史开一新纪元",钟敬文认为《吴歌甲集》"不只是个一般性的歌谣资料集,而是具有较高的科学价值的歌谣学著述"。在《吴歌甲集·写歌杂记》中,顾颉刚凭着史学家的严谨和博识,把民间歌谣与《诗经》研究进行互补,将民间歌谣在学术领域提升至与《诗经》同等重要的地位,这就同时为现代经学和民俗学研究开辟了新路径。

而由顾颉刚等人在1925年所进行的妙峰山香会调查,则是中国学界第一次有目的、有计划、有组织的民俗学田野作业。江绍原说:"顾颉刚先生的妙峰山香会调查,在邦人中只怕是绝无仅有的。"傅彦长甚至认为顾先生"在研究民族的艺术文化方面""其功实在他所著的《古史辨》之上",何思敬则称誉顾颉刚此次调查"在我们中国学术界中确是个霹雳"。

顾颉刚"取得世界声名"的又一项"科学业绩",是他的《孟姜女故事研究》。将2000多年来的文献记录和遍布全国各地的民间传说材料理出一个明晰的"层累造成的"演进线索,并将这一故事的演变归纳出历史和地理两个系统,是顾氏此项研究的主要贡献。这一研究也同样引起学术界的轰动,刘半农致信顾颉刚,称"中国民俗学上的第一把交椅,给你抢去坐稳了"。

上述一系列卓越的研究业绩,仅是顾氏对民俗学贡献的一个方面。他贡献的另一个重要方面,是他所发起的民俗学运动。在我国民俗学尚处于摇篮之中时,顾氏实际上一直承担着一个组织者和领导者的职责。1927年,顾颉刚在广州中山大学语言历史学研究所内发起成立我国第一个正式的民俗学会,刊行民俗学会丛书,编辑《民俗》周刊,这是我国民俗学奠基与正式开展的标志(王文宝语)。直到1978年秋,他还领衔向中国社科院递交了《建立民俗学及有关研究机构的倡议书》。他的倡议与垂范,促进了中国民俗学的蓬勃发展,而这一绝而复兴的学科,目前正成为中国的显学之一。

虽然,对于顾颉刚来说,民俗研究自始至终都是治古史的辅助而非正业,但他对其浓厚的兴味至死未衰。无论从哪方面来看,他都堪称中国现代"民俗研究的开路人",即便称他为"中国现代民俗学之父",也当之无愧!

五、学可并乾嘉:铸造古籍整理的新典范

古籍整理始终是"古史辨派"致力的重心。顾颉刚的疑

古事业，承绪郑樵、姚际恒、崔述等人的辨伪传统及乾嘉以来的考证风气，由辨伪书而辨伪史，为辨伪史而考古籍，古史辨与古书辨就这样二位一体，而所谓的古书辨就是古籍整理。在启动了一场全面颠覆经学古史系统的"史学革命"的同时，顾颉刚还开启了古籍整理事业的崭新时代。

整理前代古籍是历代学者的一项重要使命，只是到了顾颉刚这里，陈陈相因的古籍整理面貌才发生了革命性的变化：科学打败了经学。其中，考辨典籍的成书时代，尤具特殊意义。《尧典》不是尧时载记。《禹贡》也不是夏时版图……由经书而诸子，老子、墨子、杨朱、荀卿等纷纷被列入考辨的视野。虽然对于诸典籍的年代考索还有种种争议，有的至今未能定论，但是，经书与诸子的年代，终于作为一个问题，摆到了人们面前！在"层累说"的理论视域中整理古籍，不但古书的造作年代，连所述内容等都必须经过科学的考辨才能得到承认。如同余英时所说，在史料学或历史文献学的范围之内，顾颉刚的"层累说""的确建立了孔恩所谓的新'典范'""开启了无数'解决难题'的新法门"。这一典范的铸就，是顾颉刚对于古籍整理事业做出的革命性永久贡献。

顾氏不但提供了古籍整理"范式"，他还以丰富的古籍整理实践，为学界提供了现代古籍整理的最佳样本。在《尚书·大诰译证》中，他调动了几乎所有的古文献与相关的"传""注"材料，会通汉魏以后各类专家学说的精华，结合考古、古文字学材料，从语言方面寻出头绪，译成今语，以作考证。杨宽认为顾颉刚已做到"著为定本"，许冠三则说，这是顾颉刚"合疑古、辨伪、考信为一"之作。

以古史重建为核心，顾颉刚的一生，在古籍整理实践方面多有开创，并屡屡制订富有远见卓识的古籍整理规划。他是古籍今译的最早尝试者，"二十四史"点校工程的最早规划者和启动者……顾颉刚还有许多古籍整理规划。由于时代限制，虽无法在他生前落实，今天却都成为学界古籍整理的重点。如20世纪40年代，顾颉刚就曾提出编辑"经藏"的设想，并为此制订了系统的整理计划，今天学术界对于"儒藏"的整理，可以说是顾颉刚"经藏"计划的延伸。丰富的前瞻性使顾先生的诸多宏伟规划与其他学术成绩一样，成为不可忽视的宝贵学术遗产。

而顾颉刚在古籍整理事业上所达到的高度，可能也将最终决定他在20世纪中国学术史上的地位。如果说，"乾嘉学派"所从事的是汉代之后又一次规模巨大的"古典文献整理"运动，那么，以顾颉刚为领袖的"古史辨派"的事业，则是继"乾嘉学派"之后又一次带有典范意义的"古籍整理"运动，而且，这次"整理"与乾嘉不同，"乾嘉学派"的整理仍然是在"传统"的范畴之内，而"古史辨派"则是在"现代"范畴之中，从而给今天所有的古典研究奠定了基础。

包含并远不止上述内容的《顾颉刚全集》，于先生辞世三十周年之际出版，具有特殊的意义。在中国现代学术的开创者中，顾颉刚是最后一位离世的大师。顾颉刚的逝世，不仅是史学上的胡、傅、顾时代的结束，更是中国古典学史上一个伟大时代的终结，但"古史辨派"肯定将与"乾嘉学派"一样,作为古典学史上一个特殊段落的标识,永远载入中国学术史中。

(原载《光明日报》2011年1月11日)

又为学界哭英灵

——痛悼赵俪生先生

2007年11月27日10时20分,一颗非凡的心脏停止了跳动,一个杰出的大脑停止了思维,一双闪烁着智慧的眼睛不再放射光芒!

赵俪生先生走了,带着对此岸的若干留恋和深刻遗憾,到彼岸去寻找他那追索了一生的乐土去了。

先生走了,一个理想主义者走了,一个完美主义者走了,一个自由主义者走了,一个共产主义者走了……

先生走了,这个平庸的世界从此又少了一个"另类",这个平庸的世界从此会宁静不少,但这个平庸的世界也从此失去了使自己超出平庸的可能!

他让人敬仰,他让人羡慕,他让人嫉妒,他也让人恐惧让人仇视;他皎洁的人格像一面雪亮的镜子,让许多人从中照出了自己的卑污和渺小、龌龊和猥琐;这面镜子从此消失了,于是大家在没有参照中变得半斤八两,彼此彼此。

他是一个天才,他是一个有缺点的天才。鹰有时比鸡飞得还低,但鸡永远不会成为鹰,鹰也永远不会因此而不如

赵俪生先生像

鸡；有缺点的天才也许会永远遭受那些完美无缺的庸人们的指指戳戳、喊喊喳喳，但庸人绝不会从中获得别人对自己智力水准的尊敬。

高高者易折，皎皎者易污，天才的命运在许多时代都会成为问题。正如歌德在《浮士德》里所慨叹的那样："那少数通晓事理的人，都有几分傻气，不知道明哲保身，只落得在十字架和火刑堆上丧命。"现代社会不管有多少功绩，它依然不是天才能从中感受到的温暖的故乡。在"极左"的知识分子政策占据主流的岁月里，天才特别是那些有骨气的天才知识者的命运，其所蒙受的苦难之重尤非歌德所能想象！

清华大学外语系的高才生，"一二·九"运动中的掌旗人，"民族解放先锋队"队员，第二战区山西抗日前线的游击战士，第二战区政治保卫队营教导员，华北大学第四部研究员，济南市市政府秘书，中国科学院编译处副处长、中国科学院学习组组长、中国科学院院长（郭沫若）副院长（陈伯达等）学习小组组长，有这些光环作后盾，假如我们的先生再圆滑一点、平庸一点、低调一点、随和一点，那他绝对会位居中国社会科学研究领域的高级领导人之列。不，那不是他的追求，那更不是他的性格。路见不平，拔剑而起，而不管会带来何种后果，这才是赵先生！于是，他与华北大学副校长成仿吾发生了冲突，紧接着，又与郭沫若发生了冲突，这两场冲突的结果使他从"中央"走向了地方，以后到过东北师范大学、山东大学，最后落脚在兰州大学。而所到之处几乎都与顶头上司有若干摩擦，于是，一系列厄运接踵而至：调往兰州仍被押回补划为"右派"，革掉教职，劳动改造；在"三年自然灾害"的巅峰时期，爱女为采摘野菜坠崖夭亡，他本人则从死人堆里爬回家中，然后就是"文革"浩劫，浩劫之后，他依然有志难伸，……就这样，他经历了一个杰出的智者所能经历的所有苦难。

仅仅把先生所遭遇的苦难归结于性格气质本身，尽管这种看法很流行，但这是一种非常浅薄的观察。棱角分明、眼里容不得沙子的气质与体制的不兼容，才是最根本的因素。甚至包括先生那为人所诟病的"坏脾气"也与这种体制密不可分：先生的肉体在体制之内，先生的思想、境界和趣味却在体制之外。先生一生都在挣扎，都处在撕裂之中，这诱发、促成了他的坏脾气，他的坏脾气又加剧了他与周围人特别是作为这种体制的物质承担者的许多顶头上司的冲突，从而导致他运交华盖、苦难迭至。

先生走了，史学界的一个独行侠走了，史学圈里的一个边缘人走了，而我们更应当看到，中国当代学术史的一个卓越创造者走了。

先生首先为20世纪中国史学提供了一个崭新的学科,这是当代学术史家们公认的一个基本事实,这个学科就是"中国农民战争史研究",而农民战争史研究被视为20世纪后半叶中国史学的"五朵金花"之一。在先生之前,不是没有人注意过、议论过农民战争,毛泽东、范文澜等不少人就发表过许多原则性的看法;在先生同时,也有不少人在从事此一研究,但没有一个人像先生那样对整个中国农民战争史进行如此系统而全面的研究,所以,作为一个学科、一个专门领域,筚路蓝缕以启山林者是先生。在夫人高昭一的协助下,先生从年表和地图做起,从陈胜吴广起义开始,几乎逐个理清了所有起义,包括那些并不起眼的小规模起义,而且,从个别到一般,先生还特别提出并探讨了这一领域里的一些理论问题,如农民政权的性质问题、皇权主义问题、农民战争与宗教的关系问题、农民战争与统一战争的关系问题等。先生在这一方面的成果结集在《中国农民战争史论文集》中,这部著作在1954年出版,堪称农民战争史学科诞生的标志。更为重要的是,先生在山东大学培养的两大弟子孙祚民和孙达人也都在史学界声名赫赫、风云一时。孙祚民先生从"右"的方面发展了先生的观点,把"皇权主义"和"让步政策"论系统化,引来了包括《人民日报》在内的铺天盖地的批判;孙达人先生把先生的观点往"左"的方向引申,提出"反攻倒算"说,得到了毛泽东主席的高度称赞。红花绿叶,"前有张保后有王横",他们共同把作为中军的先生推向"开山"和"主帅"的宝座。严格说来,1980年之前的中国农民战争研究史基本上是以他们师徒三人为中心的历史,而1980年之后,这一学科则开始走下坡路了。

如果说先生是"农民战争史"研究这朵金花的最初培育者的话,那么,先生的"中国土地制度史"研究则是"中国封建土地所有制形式"这朵金花所结出的丰硕果实。虽非"开山",但先生在这一领域里的贡献也肯定将在当代学术史上占有重要一页。《中国土地制度史论要》则是先生这一方面研究的代表作。精义滚滚,卓见纷呈,是这部著作给人的深刻感受。中国土地制度史研究中的焦点一直是,在数千年来的历史中,国有制与私有制究竟哪一个占主导地位?先生则撇开这种非此即彼、简单绝对的思维方式,指出中国历史上既无成熟纯粹的私有制,也无成熟纯粹的国有制;在中国历史上,那种纯粹的私有财产,那种可以任意使用、滥用乃至毁灭财产的私有权力,到鸦片战争甚至土地改革前,一直都不曾出现过;私有制有其自身的浅化阶段和深化阶段,中国的土地私有制一直都处在这种从浅化到深化的过渡时期,而古老共同体和强大的国家权力的存在则阻碍了这种从浅化到深化的过渡速度,使得中国的所有制一直带有"亚细亚"的色彩。先生上述这些经典概括早已成为中国土地制度史研究领域里的不刊之论,并为越来越多、越来越细的研究所证实,先生因此使自己成为这一领域里最有影响力和代表性的大家之一。

在土地制度史研究告一段落之后,晚年的先生又投身到与"文化热"相伴而来的"文化史"研究中去,他要从中寻找中华民族得以生生不息的精神和观念动力。尽管在这一研究中，先生似乎并未尽展其才，但先生那种不知老之将至而毅然开辟新的学术天地的万丈雄心着实令人感动，着实令后生惭愧！

由政治史（农民战争史）而经济史（土地制度史）而文化史，若假以时日，先生的研究重点有可能还会转移。正是先生兴趣的这种不断转移，使他遭受了诸多所谓"主流学者"的疏远和排斥。他们说，"打一枪换一个地方"，治学没有"老营盘"和"根据地"，是"游击主义"，不值得提倡。这实在是降低了先生的智力水准！纯粹是材质平庸者之见！说穿了，这是专家对通人的蔑视！想想黑格尔和马克思吧，他们一生研究过多少领域？谁敢因他们是百科全书式的学者而蔑视他们！他们固然没有"老营盘"，可他们却是人类智慧不可企及的高峰！他们固然没有"根据地"，但不知多少所谓的专家靠他们的著作和思想来养活！分科治学固然是现代学术的特点，但那些才华横溢的不羁之才却不受此限。先生当然无法与黑格尔马克思相提并论，但先生绝对可以置身于以他们为代表的通人之列。由于一段时间以来的学界是那些只知其一，不知其二的专家的天下，先生竟被这些所谓的专家蛮横地排斥在"博士生导师"的队伍之外，这是一次专家对通人的冷酷压制！先生不是所谓的"博导"，这绝对无损于先生的光辉和学术水准，而只能暴露出通行的所谓专家标准的霸道和残忍！

先生长期以来即被那些所谓的"主流史家"放逐到学界的边缘，成为一个无家可归的"边缘人"和"独行侠"，不仅因为先生不是通常意义上的专家，还因为先生同时获罪于

"主流史家"的两个最主要部分：考据派和正统唯物史观派。获罪于前者，是因为先生公开表达了对他们的轻蔑"我从一接触史学近著起，就憎恨琐节考据""让那些琐节考证的史学家们去笑骂吧，我并不是你们那里的长驻客"。不仅如此，先生还挑战了他们"论从史出"和"竭泽而渔"的行规，认为"以论带史"的提法没有错，特别对那些热衷于琐节考据而不能自拔的人来说，用理论带一带并没有什么坏处；对"竭泽而渔"式的材料搜集，先生明言"我不赞成"，原因第一，鱼实际上是捞不完的；第二，舍弃那些小鱼不影响对历史的概括。"光考据不行还需要思辨"，是先生坚定的治学主张。这里事实上提出了这样一个认识论问题，即"史"与"论"在治学过程中的互动问题。"史"为基础，这无可怀疑，但承认这一点丝毫也不意味着"论"就始终是次要的、被动的、消极的，永远是第二位的——"论"同时也有可能处在更积极更主动更活跃的位置上。但不管怎么说，先生的上述言行长期以来都为考据学家们所无法容忍。撇开流行的教条和二手三手的马克思主义，独立地直接地从马克思那里寻求思想资源，先生又由此不见容于那些立身于教条的唯物史观派学人。高举"教条"很长时间以来早已成为许多人的利益所在，而先生却不仅未曾从对马克思主义思想的忠诚中得到过任何回报，相反，他甚至还因此受到某些海外汉学家的奚落。天不收地不留，先生遂长期漂泊于学界主流之外，忍受着难以承受的孤独与寂寞的折磨。直至去世，先生都没有获得他在学界的应有地位。门户之见深害于学术，于此可见一斑。

先生走了，他肯定是带着一种深深的"山大情结"走的。虽然1957年就离开了山东大学，但在此后的整整五十年中，先生可能未曾有一天忘却过山东大学，就像山大校园内未曾有一天没有人谈论、怀念先生一样。这里曾给他带来过巨大的欢乐，这里当然也给他留下了难以抹去的不愉快回忆。

应该说，华岗领导下的山东大学接纳了先生更成就了先生。先生最灿烂的文章是在这里写就，先生最奔放的热情和才华是在这里释放与施展，先生留在当代学术史上的那些最绚丽的华章是在"碧海蓝天红墙绿瓦"的山大校园里编织。山东大学成就了先生，先生也厚厚地回报了山东大学，"文史见长"的盛誉里，谁知凝结着先生多少心血多少才情！

先生走了，山东大学历史系著名的"八大金刚"中最后一位金刚走了，"八马同槽"中最后，也是最为烈性的一匹骏马走了，铸成山大史学辉煌的最后一位创造者和见证人走了。先生的走，可能也意味着当代学术史上的山大文科一个辉煌时代的真正结束！

先生走了，《文史哲》杂志的最后一位创始人走了，《文史哲》杂志最后一位早期编委走了。创刊时期的《文史哲》是一份同仁杂志，先生就是当时那少数同仁之一。《文史哲》是当代人文社会科学领域里的一片江山，先生为打下这片江山立下了汗马功劳！请看先生在"自撰学术年表"中的记载：1953年发表论文四篇，全部刊载在《文史哲》上；1954年发表论文五篇，有三篇刊载在《文史哲》上；1955年发表论文四篇，全部刊载在《文史哲》上；1956年发表论文三篇，全部刊载在《文史哲》上。除了这些有形的文章之外，谁又知道先生当年还在这份杂志上倾注过多少心血！

先生走了，一个所有弟子门生后学小辈最好的老师走了，能有机会沐浴在先生的教泽之中，那是作为学生今生最大的幸运！双目微阖，浓眉紧锁，双臂张驰有致，富有磁性和节律的男中音掷地有声，所有听众的情绪随着先生声音的高低而起伏，那是一种什么样的课堂气氛，那是一种怎样的师生互动！在极大的精神愉悦中接受知识和启迪，在润物细无声中转移性情和提升境界，这在课堂讲授已被程式化的今天，怎能不令人想起先生。先生走了，先生长眠不醒了，但先生讲课时那种挥洒自如的卓越风姿、光芒四射的奕奕神采，将成为杏坛上一种永远的向往！

先生走了，所有的山大人希望先生的英魂在这里永驻，这里才是先生永久的故乡！

先生走了，走得潇洒坦荡，上无愧于天，下无愧于地，但先生所经历的时代所生存的社会所栖身的学界却均有愧于先生！识者同悲，故旧同哭，为先生哭，为历史上所有的冤屈者哭，为所有的壮志难酬者哭，为所有受到不公平对待的天才哭！

先生走了，告别了这个复杂的尘世，往天国去了。但据说通往天国的路也不平坦，先生您走好！

（原载《历史学家茶座》2007年第4期）

庞朴：出入于朴学、史学与哲学之间

庞朴的古籍整理工作，主要是为了服务于他的哲学研究。以他所倾注了心血的《东西均》整理为例，即是欲为自己的"三分法"提供说明，并通过彰显方以智"三一体"的辩证法，以见出中国古典哲学并非黑格尔所说的没有"三位一体的高卓的意识"。

20世纪80年代以来，在"文化热""学术热""简帛热"等思潮中，中国的传统文化，由原来作为被否定、被批判的对象，逐渐重焕生机，而庞朴先生，则以其深厚的学养，精准的眼光，敏锐的洞察力，以及对于中国文化深入而广泛的思考，于这个过程中，开启、引领并推动了每一波给以儒学为代表的中国传统文化的命运带来转折和变化的学术浪潮。

一、发现中国智慧所在：儒家辩证法

1980年以来，中国有两位相映生辉的哲学家，一位是李泽厚先生，另一位便是庞朴先生。二人学术的黄金时代，同样开启于20世纪80年代。二人最初都以西方哲学尤其是德国古典哲学研究为重心，所不同者，在于李泽厚的学术思

庞朴先生像

考,乃是自康德开始,而庞朴的哲学探求,则是由黑格尔出发。二人最终都落足于传统文化的深厚土壤,致力于对历史和传统进行重新解读和建构。在20世纪80年代中期"反传统"思潮逐渐走向顶点时,二人作为传统文化的"弘扬派",共同为后20年传统文化的复兴奠定了最初的起点。

在哲学上,庞朴对于中国乃至世界思想学术最杰出的贡献,在于儒家辩证法的发现和提炼。庞朴将儒家辩证法概括为"一分为三",又称"三分法"。这一辩证法不仅为儒家所独有,道家的返璞归真,佛学的不二法门,都是"三分法"的不同表述。"三分法"是庞朴对以儒家辩证法为代表的中国智慧所进行的最透彻、最圆融的阐发。"一分为三"是贯穿庞朴哲学和他终生学术的灵魂。这一学术创见,最早萌生于对黑格尔辩证法的深入思考,是他超越和突破黑格尔辩证法的理论尝试。1956年,他在《哲学研究》上发表《否定的否定是辩证法的一个规律》一文,在学界崭露头角。1980年,庞朴由古今哲人浩瀚的思想中探骊得珠,提炼出"三分法"这一洞见,并将"三分法"寓于"中庸之道",撰文《中庸评议》明确提出:中庸为传统儒、道两家共同推崇为"至德",近世对其理解侧重于政治伦理、修身养性方面,五四运动以来则将其描画为一种乡愿的丑态,庞朴把汉唐宋明直至五四运动所形成的这些前见一齐摆落,从突出"执两用中"的方法论的角度,对"中庸"进行了再发现和新解读。

"数成于三""三生万物","三分法"的秘密一经揭示,便成为解读传统文化的一把密钥,如燃犀烛怪,具有直指人类文化本质的力量。在《周易》《尚书》等典籍中,在老子、庄子、司马迁、张载、方以智等古代思想家的论著中,无不闪烁着"三"的理论光芒。围绕这一发现,庞朴写成了一系列的论著,如从认识角度出发的《相马之相》,从实践角度出发的《解牛之解》,又如《黄帝与混沌》《六骏与杂多》《对立与三分》等都是这方面的篇章。从先秦至当代,由天文至地理,从诸子百家到黑格尔、马克思,古今中外,庞朴的研究范围十分广泛,纵观他一生数百万字的论著中,始终或隐或显地活跃着"三分法"的哲学精灵。

在庞朴的哲学世界中,圆融的三分一统和僵化的二元对立两大观念,构成了人类主观世界的根本分歧。"二分法"强调矛盾和对立,任何事物都一分为二,由正反两方面的对立而产生矛盾斗争;"三分法"则重视统一与和谐,认为世界的本质是统一而又三分。落到人类实践中,二元对立要求征服与斗争，三分一统则强调和谐与发展；二元对立观念虽曾席卷近现代的观念世界，但在社会历史上留下苦涩伤痕的同时，也趋近于终点，"三分法"打破了"二分法"非此即彼的僵硬框架，使苍白的理论向七彩的现实靠拢，在斗争的世界之外，向人们展示了一个和谐世界的可能与美好。在此意义上，庞朴的"三分法"并非要搭建理论的空中楼阁，也不是学者象牙塔中的超然遐思，而是有着深刻的现实思考和深远的现实关怀，他将来在中国学术史上的地位，恐怕主要将由"一分为三"这一重大发现来奠定。

二、发现"火历"和思孟五行

哲学命题的探寻，引发了庞先生在史学、简帛文献等方面的探索，造就了他哲学家、哲学史家、史学家、文献学家、简帛研究专家等一系列学术地位。

遗失已久的上古历法"火历"的发现，是庞朴一项引人瞩目的史学成就。一般认为，我国古代通行的历法，是依据太阳、月亮运行数据而制定的阴阳历，相传的黄帝、颛顼、夏、殷、周、鲁古六历，以及《春秋》纪事的诸历等，都是阴阳历。庞朴经过艰苦周致的考索，发现上古尚存在着一种以大火星（心宿二）作为生产生活计时根据的"大火历"，大火星昏起东方之时，即被认作一年之始。这一发现，解释了《左传》《周易》等古代典籍中一系列原来无法索解的记载，以及寒食节、祭灶神等今天无可考索的众多民俗现象。庞先生在《"火历"初探》一文之后，又有"续探""三探"

刊布，但实际上，"火历"的发现，如同打开了一个丰富多彩的学术宝盒，可以为更多的古代文化现象提供解读，只是这些揭示，要靠后来的有心人来实现了。

庞朴的史学成就，还突出体现于他对先秦学术发展过程的还原、脉络的梳理方面。由胡适"截断众流"从老子讲起的《中国哲学史》开始，以哲学家为单位来作为基本研究，渐渐成为哲学史教学与研究的传统，哲学史又被戏称为"子学"。随着分科治学越分越细，人文研究出现"科"下分时段，时段中再以一人甚至一书而众建"山头"的情况，不利于对思潮的揭示与把握。庞朴的设想则是作一部"中国哲学思潮史"，以与这种"哲学家列传"统治哲学史讲堂的现象相抗衡，最终这一构想未能完全实现，但他的《先秦名家三派之演化》《先秦五行说之嬗变》《名教与自然之辨的辩证进展》等篇章，已经大致实现了这一构想的先秦阶段，并足可为后续的研究提供示范与榜样。

自出土简帛文献中揭示思孟学派的思想线索，还原思孟五行的思想内容，庞朴还是揭秘"孔孟之间"百余年学术传承，并填补这段学术史空白的第一人。人们往往将儒家思想称为"孔孟之道"，然而由孔子"性相近"到孟子的"性善论"，由孔子的"仁"到孟子的"仁义"，之间尚有着不小的理论差异，由孔子至孟子，之间隔着百余年的时间，在这百多年时间里，孔孟之间有着怎样的学术传承？又发生了怎样的理论变迁？这个问题引起自清代以来的学者的极大兴趣，偏偏这一时期又罕有文献流传于世，于是"孔孟之间"便成为学术史上的一段空白、一个谜团。1993年郭店楚简出土，庞朴率先发现这一劫灰原典的学术价值,称之为"惊雷闪电""超级狂飙",提出郭店楚简是一个衔接孔孟之间的"驿站"。他不仅经由这个"驿站",分"易传"学派与思孟学派两个方向,追溯补写了这段思想史与学术史上的空白,解开了思孟五行这一千古谜团,而且还由此引领了20世纪末以来出土文献研究的热潮,此后,出土文献与思想史研究密切联系起来,竟形成了简帛文献研究的一个新路径。

无论是火历的发现,还是思孟五行的揭示,均来源于庞朴深厚的朴学基础和扎实的考证功力。庞朴的这一朴学功底,还体现在对古典文献的整理上。《公孙龙子》《东西均》都因抽象而难以释读,向为古籍校点中的大难题,也只有如庞朴这般具有哲学头脑的人,才可以将其中的理论难点,解释得明白如话吧。

除了哲学家的精要,庞朴的古籍整理工作,还体现了一个文献学家的精审与严谨。在做《东西均注释》时,他以中华书局点校本为底本,又依安徽博物馆所藏方以智十一世孙方鸿寿所献世代秘藏钞本逐字核校,改正了中华书局点校本中大小漏误50余处,使得《东西均》原貌可以更加准确地呈现于世。

当然,庞朴的古籍整理工作,主要是为了服务于他的哲学研究。以他倾注了心血的《东西均》整理为例,即是欲为自己的"三分法"提供说明,并通过彰显方以智"三一体"的辩证法,以见出中国古典哲学并非黑格尔所说的没有"三位一体的高卓的意识",欲使这位早于黑格尔160年的中国古代避世僧人与德国古典哲学大师黑格尔颉颃齐飞。

三、糅朴学、史学、哲学于一体的治学风格

一般来说，学术大家有可能融哲学与史学为一体，也有可能集史学和朴学于一身，但将三者融通为一，实属罕见。

庞先生仿佛横空出世，我们仅知道他在童年时曾读过两年私塾，在私塾学了《三字经》《千字文》，背了《四书》与《诗经》，还有就是1952—1954年于中国人民大学脱产学习了两年哲学课程，此外再无踪迹可求。

也许正是学无常师，才使得庞朴全无负担，从而铸就了他天马行空、不守教条的学术品格。在因严谨而易于流于枯燥沉闷的朴学与史学中，庞朴敢于异想天开，投入哲学家飞翔的想象力，将完全不相干的东西联系起来，只有当他联系起来之后，才给人以醍醐灌顶般的恍然大悟！同时他那哲学家清晰的思辨能力，又可确保他的学术想象可以随心所欲而不逾矩。

哲学、史学、朴学的三位一体，也由庞朴"三分法"的哲学理念所决定。分科治学的时代不折不扣是一个道术已为天下裂的时代。对于学问来说，本来统一的学识，分化为种种科目：就人文领域来说，如史学、哲学，就治学风格来说，如汉学、宋学。这种分裂，有利于专精，对于学术的进步既是必要的，也是必然的，然而在庞朴那里，就如高下、疾徐对立不同的乐音汇合在一起形成和谐的音乐一样，一个完整的学人需要超越这种"二"的对立与分裂，达至"三"的统一与和谐，这不仅应成为学人的自觉追求，更是未来人

文学术发展的必然趋势。

极高明而道中庸，致广大而尽精微，庞朴先生可以说已进入这一治学与做人的最高境域。他的离去，之所以让人喟然长叹，之所以被称为学术界的"一大损失"，之所以说"他在学术史上所留下的空白，很长时间内，将无人能够填补"，主要在于，学术界能同时集哲学家、史学家和朴学家于一身的人实在太少太少了，而中国古典学术的本来面目，恰好只能仰赖这太少太少的人来发现，其余的人仅是追随者。

(原载《文汇报》2015年1月23日)

四

历史研究为什么需要"理论"?

——与青年学生谈治学之一

"理论"在近几十年成为史学界谈虎色变的一个话题,在有些人那里甚至被视为瘟疫,避之唯恐不及,常有人通过"揶揄""理论"来显示自己的学问是多么的"纯粹"与"学术",这或许是学术上的钟摆效应使然,是对前几十年"理论"独步天下地位的反弹与报复!然而,老话说过犹不及,对"理论"的漠视已影响到学术的正常发展。针对这一情形,本文欲逆水行舟,谈谈"理论工具"在学术史研究中的作用问题。由于上面所说的原因,学界到目前为止似乎尚未出现专门探讨和研究什么是"理论"的文章,但需要说明的是,今天跟大家交流的主要是一些临时性的想法,并没有形成一个系统、完备且有一定深度的见解。

一、乾嘉身影与"史论关系"问题的提出

我先给大家谈一点关于史学史上"史"与"论"关系的情况,作为一个铺垫。

20世纪的中国历史学是以"乾嘉学派"为基本背景的，认清这一点极端重要。中国学术史上，汉学和宋学之间因路数和致思对象的差异而产生对抗，譬如"汉学"重"五经"，"宋学"崇"四书"等，形成不同的学术流派，是为"汉宋之争"。两大学派自宋代以来长期共存，各有轨辙，差异冲突至为彰明。发展至清代，乾嘉汉学取代程朱理学占据学界主流，这一点构成20世纪史学演化的基础。梁启超的《清代学术概论》对乾嘉汉学作了非常充分的阐发，乾嘉汉学对20世纪的整个中国历史学影响巨大。

笔者在读本科和研究生的时候，学术界有所谓"回到乾嘉去"的口号。我们被笼罩在乾嘉汉学的身影之下，直到现在仍未完全走出。今天的所谓"国学复兴"与"乾嘉汉学"路数并无实质性区别，这是我们大家在考察20世纪学术史、思想史及史学理论时应该特别注意的一个重要方面。

实际上，20世纪史学有两条起源路径。一是由乾嘉汉学演化而来。顾颉刚先生等人的治学，早年在乾嘉汉学的滋润之下慢慢演化，后来成为人所熟知的"古史辨派"，再后来走到我们现在所看到的一些形式上来，这是一条由经入史的路线。二是直接从国外传播而来，即先后从日本、法国、德国、苏联、美国引入。

我把20世纪初占主流地位的，由乾嘉汉学演化而来的，包括顾颉刚先生在内的这一路径叫作"新汉学"；把另一条从西方传播进来，向西方学习获得的治史路径，叫作"新史学"。"新史学"和"新汉学"是我用来清理20世纪前半叶史学史所使用的一对概念工具。

由乾嘉汉学演化而来的这一学派，或曰治史倾向、治史风气。进入20世纪之后特别是在五四运动前后占主流地位，20世纪20年代末期一度登峰造极，风靡文史哲三界，直至30年代前期，也仍然如此。因为它的学术基础过于雄厚，以致很多人难以从中走出。

20世纪那些史学大家之所以能够从容过渡过来，跟西方现代学术分类有关。西方现代学术分类把完整的学问分成中文、历史、哲学、政治学、法学等。中国传统的分类是图书馆分类，也即所谓的学问分类——经、史、子、集。西方现代学术分类和中国传统的学术分类之间只有一门学科可以直接对接，即历史学。"经史子集"中有"史"，20世纪的西方学术分类有历史学这一门类，所以治历史的学者大都能较轻松地跨入西方现代学术分类、现代学科体系之中。

而其他类目均不易对应现代学术分类。集部是文章别集、总集，很多是个人文集，其中内容庞杂，不完全属于文学。将子部对应于思想史，也未必尽然。而经部就更复杂。所以说，治其他学问的人要栖身于西方现代学术分类，须经过一系列的转型、调整和改造。可还没调整完，学术界形势已经大变，根本来不及调整。

先师葛懋春先生曾说，20世纪最发达的一门学问就是历史学。他说，哲学，我们只能找到金岳霖先生或者其他极个别的一些人，像冯友兰先生等严格地讲都是历史学，中国哲学史是历史学，文学史也是历史学，包括萧涤非先生等都是研究文学史的。文学这一门类、哲学这一门类，在20世纪学术业绩都远远小于历史学，核心就在于历史学长驱直入，从传统的学术分类，直接进入20世纪的学术分类之中。

20世纪初期，"新史学"虽已被提出，但乾嘉汉学的影响，如治史方法、学术观念等，根深蒂固，包括章太炎先生在内的很多老先生很难从中走出。像王国维先生这样经过西学训练的是极少数，多数人只获得了一些西学的皮毛，骨子里仍然是中国传统学术，仍然是乾嘉汉学。乾嘉汉学的治学纲领之一是实事求是，从材料出发，按照钱大昕的说法，就是不要评论。他说治学、治史不要评论，只要把事实清理完就可以了。而我们现在看乾嘉汉学的学科属性，就是20世纪的国学、汉学，从20世纪学科划分的角度，我们如果给它找一个学科属性的话，完全可以把它归到文献学学科范围之内。乾嘉汉学就是文献学，在历史系就是历史文献学，在中文系就是中国古典文献学。新汉学或者说是史料派，在20世纪的学科属性基本上是在文献学的范畴之内，包括今天的国学。国学里大多数是文献学。为什么国学一兴盛，对古书的点校和整理都跟着发展起来了，因为这是由它的学科属性、学术本性决定的。这是一个大的问题。

所以，乾嘉汉学的治学纲领在20世纪初叶依然占主导地位，占主流和支配地位。大家的观念仍然是这样，它的纲领就是所谓的实事求是，从文献出发，一字一句地考证、训诂。这是一套古文献学的作业方式。

但分歧发生在了李大钊这里，其他包括梁启超先生等人都不明显。李大钊在《史学要论》中明确提出：考证不是历史学的终极目的，考证只是手段。李大钊特别提出，历史学有两项任务，一是发现事实，二是解释事实，而解释事实异常重要。虽然李大钊被视为马克思主义史学家的先驱，但是李大钊在马克思主义史学史上的地位至今未能得到充分肯定。大家大多把马克思主义史学、唯物史观派史学的正统上溯到郭沫若，很少上溯到李大钊。这一状况存在很大问题。

从李大钊开始，一种有别于新汉学的研究路线出现了，注重对历史的解释，注重理论、观念、概念的作用，这在此之前从未有过。当然，此前从日本传入的一些教科书当中已有类似的东西，但那是结合大量中国历史上的实例所作的说明，表述并不清楚。从李大钊开始，唯物史观派诞生了。唯物史观派高举的旗帜是马克思主义、唯物史观、五种生产方式，这个我们稍后还会涉及。从李大钊开始，再往后演化，则是郭沫若、范文澜等人。再往后，一派高扬理论，一派强调史料，治史分野就已经非常明显了。所以翦伯赞在他的论著中断定：没有理论，史料等于废物。他说得非常清楚，对史料派很蔑视。当然，两派在对抗的时候都有意气之争的成分。史料派看不起唯物史观派，认为是空论、空头史学；唯物史观派看不起史料派，笑之为"四脚书橱"。

这两条治史路线，从李大钊时就已经或隐或现地开始对抗。但是史料和史论的对抗——或偏重史料，或偏重理论，或两者结合、两者平衡——本来是一个很具体的东西，没什么了不得。强调史料的这些人在马克思主义者看来是排斥马克思主义的指导。严格地讲，在现实的分野当中，马克思主义者就认为强调史料的人是站在另一个阵营当中。所以说，如果单纯的史料和理论之间的差异，单纯地强调这一侧面或是强调另一侧面，根本不带有意识形态属性，至少并不十分明显，但是因为"论"在这一段时间之内被局限在马克思主义理论范围之内，使得这一争论带有意识形态性质，变得很尖锐、很敏感，格外引人注目。

到了1949年，唯物史观派成为学术界的领袖，所谓的"史界五老"——郭沫若、范文澜、翦伯赞、吕振羽、侯外庐成为史学界最高的权威，史料考订派在一段时间之内低下了头。

但是，当唯物史观派蔑视材料的倾向超出一定限度时，史料考订派又出来发声。这次争论，一派将"以论带史"作为旗帜，另一派则以"论从史出"为旗帜，争斗由此开始。这个争斗一直到现在仍然或隐或现。在特别强调史料的这一派学者看来，拒绝理论带有拒绝马克思主义的意味；而在马克思主义者看来，过于强调史料则是想摆脱马克思主义的指导。现今史学界仍然多多少少带有这样的意识形态倾向。

从1949到1979年，"以论带史"占主导地位；从1979年到现在，"论从史出"占主流地位。我的文章《从反思文革史学走向反思改革史学》讨论的就是这个问题，"文革"之前把"论"强调到无以复加的程度，"文革"之后则把"论"贬低到无以复加的程度。我们今天仍然处在把"论"贬低到无以复加程度的阶段之内。我之所以提出要反思"文革"之后，即改革开放以来的历史学，主要目的就是要像我那篇文章的副标题一样，对若干史学关系再平衡进行思考。

二、什么是与历史学相关的理论

接下来进入主题，分三个部分给大家谈三个主要问题：即什么是理论，包括什么是历史理论？历史研究为什么需要理论？理论在历史研究中究竟有什么作用？

我们先谈第一个问题。

所谓的理论，在我看来是对那些带有普遍性、全局性、宏观性、结构性、一般性的历史现象或者比较重大历史事件的假设或者说明。我们通常所说的理论带有这些规定性。与这里的规定相对的另一面，是经验、事实、细节、局部、个别、现象等。换言之，所有的理论，一定是关于普遍性问题的一个陈述、一些规定。

比如唯物史观理论，即马克思主义的历史理论，它绝对不是针对个别事实，也不是针对某一个社会形态的事实。按照我们现在的说法，它是针对人类历史当中某些共同的东西。它提出了一套假设：生产力、生产关系、经济基础、上层建筑、人类历史的规律、社会形态的演进。迄今为止，还没有另一套理论能够取代马克思的东西，这就是马克思在前些年英国的千年思想家评选中排名第一的主要原因。在西方，马克思的历史理论、马克思本身都已经进入主流课堂，得到大家的公认。马克思的理论体系已被世界公认为一门学问。

马克思主义自19世纪诞生后，几乎成为所有理论的分水岭。几乎所有后来产生的理论，均可分为赞成马克思理论的，或者反对马克思理论的。反对马克思的理论中，最著名的是马克斯·韦伯的理论。他认为，历史发展的动力要靠某种精神因素，而马克思是在历史发展的众多因素中，把经济因素、物质因素置于历史发展链条的终极地位。这一点在马克斯·韦伯的《新教伦理与资本主义精神》中表现得比较明显。这本书非常典型，尽管他一句话不引马克思。很多西方著名思想家，处处以马克思为靶子，到现在也是如此。

理论，它带有某种抽象性、宏观性、全局性。只是具体的说明，不是什么大的理论。当然理论还有很多，有长程理论、中观理论，下文可能还要涉及。

我们也可以从另外一个角度来看理论，理论也可能是观察历史或者是研究历史解释的一个特殊的视角，理论有多种，每一种理论都有自己的取向。每一种理论取向或者每一种理论本身，它只是在提示研究者从哪里入手来追求答案和进行说明。如同上面所说，马克斯·韦伯是从精神入手、从宗教差异入手。他认为，中国之所以不能产生资本主义，是因为中国儒学和资本主义精神之间缺了很多中间环节，不能直接衔接，所以他谈儒学、道教。马克斯·韦伯的《儒教与道教》这本书，中心就是在谈这个问题。他说整个中国没有这种产生资本主义的精神土壤。每一种理论都是这样，从某一个角度提示研究者从哪里入手来提供对历史的解释。

理论本身没办法直观，所有的理论都不能证实，包括唯物史观，我们只能提出一个假设。理论无法直观，无法观察,无法实验,特别是社会科学,所有的理论最后都不能称为真理,它被推翻的可能性比它被证实的可能性更大。

人们在解释历史的时候不能过分依赖某一个理论。因为过分依赖某一个理论会遮蔽对其他可能性的发现。我提出的史料派和史观派、新史学和新汉学等概念和术语,大家在研究这段历史的时候,也不要过分依赖。过分依赖新史学的那些看法,有些该看到的东西可能会看不到,很多东西会被遮蔽。大家一定要警惕,一种理论只是研究入手之处,而不是得出结论之处,你不是要证实它。包括我自己,看学生写的论文,如果把新史学、新汉学当作模型到处套用,我并不大喜欢。但是我希望他从这个角度入手,当作最初的预设,尽可能得出一些新的东西,若能修正我的看法、我的概念,最好。

千万不能过分依赖某种概念、某种理论,我们以往在马克思主义的问题上所犯的错误就是过分依赖,排斥其他东西。应当避免把某种概念、某种理论形态、某种理论学说绝对真理化。理论很重要,没有理论我们无法从事历史研究,但是理论也有弊,它是一把双刃剑,但只要谨慎使用,理论给你治学提供的帮助要远远大于其他东西。

为了透彻说明什么是理论,下面我从理论与思想关系的角度再作申述。

什么是思想?什么是理论?原《史学理论》主编陈启能先生曾在一个场合说:"王学典是一个有思想的人。"他从来不说王学典是个有理论的人。这里边就存在一个问题:理论和思想二者是个什么关系,它们之间有什么差异?

在我看来，所谓思想，通常是指个人独自思考所获得的东西，或者是带有独特的个人色彩的、个体性质的一种特别的思考，带有个性色彩的一个独立的、别人无法重复的这样一种思考。某个人有没有思想，就是某个人有没有独自思考所获得的一些东西。

理论与思想之间是什么关系？按照我自己对这个问题的分析、考虑，理论与思想的关系在于：理论是思想的高级形式、一个更高的抽象形式，或者是思想的形式化、外壳化。当我们说某一种思想是理论的时候，它一定是一个超出普通独立思考，最后被凝固为、形式化为某种教条的东西。所以我认为所有的理论都带有某种教条的属性，唯物史观也不例外。理论总是带有某种教条的性质、带有某种模型的特质。凡是理论都是模型，一种理论就是一种模型。而思想是一个非凝固的东西，我们随时随地都会产生思想。由此得出一个结论：理论是可以分享的，思想是无法分享的。我们大家可以在某一种共同的理论指导之下来从事研究，包括唯物史观，但是思想是无法同步分享的，因为它带有独特的、非常强烈的个体性质。

同时，所有的理论，包括马克思主义理论，它最初都是思想，或者说理论的内核就是思想。马克思的很多东西，在他那个时代，在他那个理论产生的过程之初，是作为他个人思想的东西。我认为所有理论，最初的来源都是思想，而所有深刻而系统的思想或者说能够让大多数人接受的思想，理论化是它不可避免的命运。

说这个学者是个思想型学者，就是指这个学者一定是带有独特思考习惯的学者。一篇论文，拿来一看，如果基本上是现代的"八股文"，就知道这个人没有思考。这样的文章占多数，包括《文史哲》杂志上的文章。《文史哲》杂志审稿尽管各方面都非常严格，但敢说有思想，或者说能反映作者在思考上花了多少功夫的稿件很少。作者能够做到观点上自洽，逻辑完整，能够把问题说明，并且有问题意识，也就够了。

理论的东西为什么难写，因为从材料的角度进到思想的角度，必须把材料内化，不能跟着材料走，要抽象出很多东西，而且这个东西本身有逻辑，从陈述问题到解决问题到论据的支撑都是这样。我关于山东大学文科兴衰的那篇文章《学术与意识形态的高度绾合》，就可以说是一个思想的产物，在这篇文章中我连一条材料都没列，也不需要列材料，你到档案馆里泡3年也泡不出来，那些东西都不是从材料当中自动提出的东西，但是你要是说我那个东西没有根据，谁都不会相信。为什么呢？因为它符合大家大量的经验观察，且带有个体性质的思想。思想无法分享，没有任何一个人能够跟你同步分享你的思考，除了你自己之外。而且可以这样说，你不思考，别人就思考不到你这个程度。这个问题你要不去研究，学术界可能就没有这种成果。从民主思维的角度来讲，我们为什么要保护思考，为什么要百家争鸣，要思想言论自由，特别是要保护思想自由，就是因为所有的思考都带有独特性质，所有的思考都要挑战、不承认现成的东西，而所有思想都会对这个社会有益。

我上课时总是强调，大家脑子里一定要时刻装着问题，当你一觉醒来的时候、睡不着的时候，这个问题慢慢就浮现到你的脑际，你要寻求答案。有次到国外出差，一到泰国我就思考一个问题，为什么像泰国这些中国周边的国家，发展程度很低，却顺利地接受了现代化的那一套制度，没经大的波折，没有大的反抗，就转过来了？百思不得其解。到了新加坡一看也是这样。这个问题我思考了很长时间，最近才得出一个结论。我认为这个结论如果继续发展下去，将是一个稍微大一些的看法。我最后想清楚了这样一个问题：我们和我们所在的国家一个最深刻的联系是财产的联系，我有土地我有厂房，我有在宪法上被保护的别人不能侵犯的东西。假如我没有土地也没有厂房，没有属于我的住房和其他财产，那我和政府之间的联系就会变得非常薄弱，就像个浮萍一样，到哪里都无所谓。这为什么和泰国这些国家发展成资本主义国家、接受资本主义观念有关系呢？中国之外的所有民族和地区的人，私有观念都是非常强大的，谁都不能侵犯，皇帝也不能进我的家。这个私有是千百年来植根于人的本性的一种东西，而自由主义比以往所有的思想更强调对私有财产的保护，所以它很顺利地使许多国家和地区接受了它。自由主义相信自然自发演化的秩序，认为从自然状态到所谓的自由主义这个状态，本身是演化的，不是人为干预的。

  脑子一定要装着很多问题，只要思考一定会有收获，这些小的想法多了，会沉积到你的论文当中。当别人看到你的论文时，你思想的火花会照亮另一个人，他会沿着你的思维去继续下去。现在的硕士论文包括博士论文当中，有思想的论文属凤毛麟角，大家很难达到这个要求。

那么概念是什么？思想首先发展为理论，然后再到概念。概念是对某种理论更高一级的抽象。如果能把一个大理论抽象、醇化、提炼为一个概念，贡献可能会更大。思想、理论、概念带有阶梯性，尽管属于同一范畴，但概念更抽象。思想、理论、主义是逐步升华的，比如马克思主义，是由消灭私有制等思想理论抽象转化而来。

这个是我给大家讲的第一点，什么是理论，理论和思想之间的差异、理论和概念之间的差异，这是我的一些简单的想法。我认为思想可以随时随地地产生，但是理论不能，所有的理论都带有教条的属性，所有的理论都是模型。经济学特别强调理论模型，唯物史观是一种模型，五种生产方式理论是一种模型，奴隶社会、封建社会、资本主义社会、未来社会主义社会都是一种模型。模型很容易把你引导到某种研究领域去，但是最终一定要走出模型。

三、历史学需要理论的根据

历史学为什么需要理论？因为历史需要解释。

李大钊在《史学要论》中说，历史学家有两个职能，一个是发现事实，另一个是解释事实。中外所有的史学家都承认，发现事实和解释事实都是历史学家的本分。包括大史学家兰克，他也解释事实，只是说他的事实是经过批评、审查过的事实。他和其他史学家的不同之处，在于他的审查有他特殊的程序。而关键在于，任何解释都需要理论作为依据，没有理论依据的解释是不可能的。这个依据要么是明确的，要么是常识，而要害在于，绝大多数历史学家是根据流行的常识来解释。中国传统史学在历史解释上没能发展出自己的一套体系，和古希腊罗马的历史学传统有很大差异，大家看希罗多德的《历史》、修昔底德的《伯罗奔尼撒战争史》，西方在这一点上比较明确，比较自觉。

所以说，历史需要解释，而解释需要理论，这就是历史学需要理论的全部根据。当然，并不是所有的历史研究都需要理论。考订史实，在大量记载中清理一个事实，从矛盾的陈述当中勘探历史的真相，可能不需要理论。当你面对确认单个事实的时候不需要理论你照样能做得很好。这就是为什么乾嘉学派没有理论、排斥理论，但照样能做出很大业绩来的原因。清理文献、清理事实、考订文献、考订版本，需要经验，不需要理论。我在《近五十年的中国历史学》一文中专门谈到这个问题。但是当你面对"过程"的时候，当你面对"结构"的时候，必须需要理论。因为所谓过程和结构是众多事实之间的联系，如何确认这些联系，必须依靠理论。历史学的首要任务是准确地描述过去，但是准确地描述过去并不是对历史学的最终要求。对过去事实的准确描述是历史学家的首要任务，但不是历史学的全部任务。历史学的终极任务是必须对过去做出解释，而解释需要理论。需要强调的是，某些事实的发现仍然必须依赖理论。

我曾命陈峰写过一篇文章《唯物史观与二十世纪中国铁器研究》，刊登在《历史研究》杂志上。我说铁器的发现是一个最重要的发现，但是铁器在乾嘉学派笔下只是一种器物或文物，放在金石学范畴之内，他们并没有从中发现什么。

对铁器的作用、铁在历史上所起的革命性作用的认识，只有在唯物史观理论指导之下才能获得。所以，20世纪如果没有唯物史观这个理论的传入，我们就不能发现铁器在历史上所起的作用，就不能解释春秋战国时期所发生的深刻变动。所以说没有理论，某些事实很难被发现。没有唯物史观这个理论，没有生产力的概念，根本不能发现铁器在历史上曾经起到过如此重大的作用。由铁器的发现你会看到工具在历史上所起的作用。马克思讲得非常清楚，他说水推磨所产生的是以封建主为首的社会，而蒸汽磨所产生的是以资本家为首的社会。它充分说明某种工具、技术在历史上的作用。技术发现，然后电的发现、能源的发现，这些事实的发现如果没有生产力这一套理论支撑是很困难的。手机的发明、计算机的发明、电脑的发明，会在多大程度上改变我们的生活？作用不可估量。机器人棋手把人类都打败了。由我们今天所看到的技术对社会面貌的改变、对生活方式的塑造，可以推想当年铁器的出现所起的作用。春秋战国时期发生的最重大的变革，就是铁器的广泛应用带来的生产力的提高，原来不能开垦的土地能开垦了。古史分期之类问题的辩论都是建立在这一基础之上。

所以某些关键事实的发现离不开理论，尽管大量事实的发现可以不要理论。比如墨子的生年和卒年，根据文献做，文献没有，没办法做，如果有大量材料，就可以从大量论述当中清理出一个大家相对都能接受的事实。它是不是真是这样，也不敢说，只能说根据历史记载它是这样。某一个东西，能够猜想它的存在但是没有证据是不行的。就像断案，猜想这个人是罪犯，直觉告诉我们他就是罪犯，但如果没有证据，就得释放，反之，如果有足够的证据就可以确认。从证据到事实，然后再还原。而历史解释则不是这样。秦始皇何时统一中国？不需要理论。但是要解释秦始皇为什么能够统一中国，非得依靠某种理论不行。儒学为什么产生，为什么能够成为中国主流意识形态，也需要根据某种理论进行解释。像这些问题，都是社会大众，包括社会各阶层对历史学的需要。历史解释在相当大的程度上是基于这些需要。而没有理论，任何解释寸步难行，包括马克斯·韦伯的宗教资本主义精神。为什么资本主义产生在欧洲这些地方，没有理论根本就不能解释。当然马克斯·韦伯有大量的发现，在这个区域之内，这些人的行为有一些共同的特征。但是这些共同的特征能说明什么问题呢，仍需解释，而所有的解释都需要理论作为依据，包括我们现实生活当中的大量例子都是这样。刚才举的都是一些类似的例子，如乾嘉学派为什么在清代会占主流地位？理学为什么在宋代产生？中国为什么会出现大一统的局面，又一次次地再分裂？北方或周边的少数民族为什么在一段时间之内能够占领中原，最后又被汉族所同化？满族入侵中原时人数众多，但现在各少数民族中满族人数却不是最多的，为什么？都被中原汉人所同化了，为什么？这都需要解释，没有解释的历史学就站不起来。《历史是什么？》的作者卡尔说得很清楚，没有解释的事实就像一袋土豆，站不起来。土豆都是散的，只有解释能在各个土豆之间建立联系，然后土豆就变成一个柱子，它就站立起来了。你给它一个脊梁，它就成形了，一体化了，变成一个因果链条了。这个脊梁就是解释及其理论。

关于这个问题我个人还没有很清晰、非常明确的一个概括，所以也不能给大家讲更多的东西，这第二个问题就给大家回答到这里，就是历史学为什么需要理论。

前一阶段静下心来的时候我想了一个问题，史学界现在最活跃的一批学者很多都有史学理论背景，这很让人奇怪。历史研究为什么需要理论，这也是根据之一。比如，陈春声当年跟我一起都是教育部一部史学概论教材的编撰者，赵世瑜也是我们史学概论教材的编撰者之一，李振宏也是这部教材的编者，他们都是我的老朋友。在老一代当中，像刘泽华先生，以及现在的刘泽华学派，主要研究政治思想史。而上海的姜义华先生，长期担任上海史学会的会长、上海社科联副主席。这几位学者都非常活跃，他们在学术界有代表性，不是偶然的。这些学者的成功告诉大家，治学不要一头扎在一个枯井里边，如此便再难掉头。深厚的理论素养，事实上会给你一个巨大的腾挪空间，否则的话你没办法腾挪，希望大家能考虑这个问题。

我们历史学科有两个任务，一个是清理事实，另一个是解释事实，如果不是在一种自觉的理论指导之下去解释事实，就只能是根据常识去解释事实，而且多半都是荒谬的常识、很糟糕的常识，没有解释的书是很少的。

四、理论在历史研究中的作用

所有的宏观研究、过程研究、结构研究、问题研究，一步都离不开某种特定的理论，不管这种理论本身的质量高低。凡是回答问题的研究都离不开理论。

让我们通过一些例子来看理论的作用、理论作为分析工具的作用、理论作为概念工具的作用。近几十年对史学界影响最大的理论就是五种生产方式理论。五种生产方式理论是个模型，在1949年之后影响非常大。尽管现在"中国历史上有奴隶，但没有奴隶制这样一个社会形态"已被公认为事实，但奴隶制和封建制的分期这样一个问题的提出，仍然对中国古代社会的梳理，特别是对先秦两汉魏晋社会的梳理起到不可估量的作用。我有一篇短文《"假问题"与"真学术"：中国社会形态问题的一点思考》里面谈到，因为没有奴隶制，根本就不可能有奴隶制封建制的分期。所谓古史分期问题实际上是个假问题，但是它获得了确确实实的、巨大的研究成果。奴隶制这个概念的引入，奴隶制与封建制何时分期这个问题的提出，以及学术界在这个问题之下所投入的大量精力，它对学术史本身的推动，难以估量。先秦、秦汉社会为什么梳理得如此透彻，就在于它是这场大辩论的中心。春秋战国之交的社会解体过渡是这个大辩论的中心。包括资本主义萌芽，现在学术界普遍认为，原来被认为是资本主义萌芽的东西根本不具有资本主义的性质，这个问题的提出基于一个论断，即中国迟早会进入资本主义。中国迟早会进入资本主义，又基于另一个理论上的逻辑，就是五种生产方式是不可逃避的。这个理论是一环套一环的，所以尽管当年被认为是资本主义萌芽的那些东西，今天却被认为和资本主义无关，但和商品经济有关。中国历史上的商业被严重低估了，中华民族是一个具有突出经商天赋的民族。中华民族的经商天赋有多高呢，高到得由2000年的所谓封建王朝用重农抑商的国策来压制，才能压住。商业和市场到处带来不稳定，最稳定的是农业。要想保持这个社会的长治久安，保持所谓的稳定，就要把商业压住，历代王朝都把重农抑商作为一个重要的国策。商人的地位很低，从汉代就开始，《史记》《汉书》中分得很清楚。我们近30年改革开放以来，只是把重农抑商的政策稍稍地放松一点，中国人就立即遍布全世界。2006年去德国开会的时候，我发现几乎每一辆公交车上都有中国人。我们40年来只是把重农抑商的政策稍稍地放宽松一点，中国的商业就如大鹏展翅一样腾飞。我经常打一个比方，中国的商业就像孙悟空一样，在唐僧发现他之前，被大山压住了，防止他蹦出来，邓小平就是把这个大山松动了一下，孙猴子就蹦出来了，这就是中国近40年经济起飞的秘密之一。

如此发达的中国工商业并不具备西方产生资本主义的那些性质、那些要素，它也不会自发地发展到那个社会去，所以中国社会是一个十分独特的社会。尽管这样，资本主义萌芽这个概念仍然对明清经济史的研究起了巨大的推动作用。包括余英时先生在内的西方学者，没有不承认"资本主义萌芽"这个概念对明清工商业、明清社会史研究所起的作用的。没有这个概念，就没有明清史今天的研究局面。另外马克思主义的生产力、生产关系、经济基础、"亚细亚生产方式"等概念也同样如此。马克思把欧洲社会定义为奴隶社会、封建社会、资本主义社会，但他发现从印度一直到亚洲这一带是与西方完全不一样的另一个社会,当然他是根据西方传教士的记载和报道。由此马克思得出一个结论:普遍地缺乏土地私有制是东方社会最本质的特征。这个结论虽不适合于中国但适合于印度,特别适合于俄罗斯,它的公社,我们说是农村公社的残余,而农村公社的残余早在春秋战国时期在中国就解体了。马克思认为东方社会特殊,包括中国社会,但是他又找不出一个合适的概念,所以他只好用一个地域概念,叫"亚细亚生产方式",就是东方生产方式,或者叫东方社会形态。大家看亚细亚生产方式这一概念,它本质上体现了对东方社会、对东方历史所走过的独特道路的尊重,它和我们今天所谓的中国特色一脉相承。所以关于亚细亚生产方式的讨论,亚细亚生产方式对中国历史发展、对中国社会发展特殊性的解释,为今天的中国特色奠定了雄厚的基础。这个概念尽管是个地域概念,不是个性质概念,它不像奴隶社会、封建社会、资本主义社会,是个性质概念。这纯粹是个地域概念,但仍然对中国古代历史的研究起了巨大作用。这是马克思主义的一些概念所起的作用。

  迄今为止,对中国史学界影响最大的理论著作是恩格斯的《家庭、私有制和国家的起源》(以下简称《起源》),可以说,没有《起源》就没有今天对中国上古史的透彻研究。"母系氏族社会""父系氏族社会"等概念,使得"民知其母不知其父"等历来被看作荒诞无稽之谈的材料得到解释,具有了意义。另外,石器时代、木器时代、铜器时代和铁器时代等概念,以及蒙昧时代、野蛮时代和文明时代等概念,使中国上古社会也变得可理解了。没有《起源》这部人类学著作，我们根本无法从上古神话传说中清理出一个"中国原始社会"来！理论的作用有多大，中国上古社会的研究中可以说提供了一个最好的例证！

另外，费孝通先生提出一对概念，他说"乡土社会"是个"熟人社会""城市社会"，是个"陌生人社会"。熟人社会和陌生人社会这两个概念是我们分析城市和乡村一个非常重要的观念工具、理论工具。通过这两个概念，我们能够迅速把握这两个社会之间的差异。既然是陌生人社会，那么如何管理这些陌生人呢？法治的问题就出来了，制度的问题就出来了；既然是熟人社会，基于互相信任，道德伦理的问题就出来了。城乡社会当然还有更多的差异，但是这两个概念足以使你把这两个社会看得清清楚楚，从而得出其他奠基于其上的、符合逻辑的推论。建议大家有空看看费孝通先生的《乡土中国》，非常有用，不但能解释我们曾经生活于其中的那个社会，而且会给其他学科带来启发。

另外像陈寅恪先生，他和其他那些单纯整理材料的人完全不同，是一个富有雄心壮志的人，他治学有一套观念工具，是别人不具备的。家族、门第、文化、婚姻是他治学的四大工具。他解释唐代社会、魏晋南北朝社会游刃有余，原因就在于，一般认为到了宋代，中国社会就已带有所谓的近代社会的萌芽，唐代社会是古典社会的终结。为什么唐宋转型在日本能引起那么大的反响，其中一个非常重要的问题在于，唐宋之间确实存在社会上的巨大差异。世家大族与唐王朝一同覆灭，中国社会真正进入农耕社会、士大夫社会是从宋代才开始的。研究一个在古典社会时期的中国社会，家族、门第、文化、婚姻确实是非常重要的工具。马克思在做社会分析的时候，他的工具叫阶级，奴隶主阶级、贵族阶级、农民阶级，还有其他阶级。可以这样说，马克思是用阶级概念，陈寅恪先生更多的是用家族、门第、婚姻来谈，他论唐代历史的几篇论文，论武李韦杨、论韩愈等都是如此。所以陈寅恪先生得出了很多结论，如贵族与庶族的差别不在于门第而在于文化，北方少数民族的差异不在于种族、不在于血缘而在于文化。陈寅恪先生将这些概念使用得游刃有余，而这些概念恰好是今天很多人都愿意用的一些概念。这些概念解释起来给人一种新鲜感。因为长期在阶级论这个背景之下，在阶级斗争这个模式之下，在两大阶级对抗的这样一个模式之下，突然用文化来解释，用婚姻来解释，用门第的高低来解释，用贵族和庶族来解释，用不同的婚姻集团、通婚集团来解释，当然会给人一种很别致的感觉。"史界二陈"——陈垣先生和陈寅恪先生，他们各自的治学特点很典型，陈垣先生一般不使用概念，只是在《元西域人华化考》里面使用了一点带理论色彩的东西，其他方面陈先生有他自己的一套。陈寅恪先生在1949年之前被西方汉学界捧为第一人，但那只能是在西方汉学界。从实际的那些研究业绩来讲，陈垣先生可能比陈寅恪先生更丰厚一点，但是从声望上来看，特别是从"文革"结束之后的声望上来看，陈垣先生地位不断下降，陈寅恪先生不断上升。其中有一个非常重要的方面，就是陈寅恪先生可以属于现代史学家的行列，而严格地讲，陈垣先生则是乾嘉汉学的余脉，他很少受到现代观念的影响，基本上不使用理论工具。陈寅恪先生读过很多东西,据陈先生自述,他在德国留学时看过原版的《资本论》,所以说理论概念的引用非常明显,非常突出。如果记住家族、门第、文化、婚姻,再看陈寅恪先生那些东西,会有一个全新的认识,和马克思主义史学家的阶级论相比较起来,别有洞天。原因在于,在不同的理论概念之下,事物往往会呈现不同的侧面,尽管陈寅恪在使用婚姻、门第这些概念的过程中,一定吸收了马克思的阶级论的某些成分,但是他不用这个概念来表述,而是用更多带有文化色彩的工具来解剖。这些问题都会给我们非常大的启发。

另外一个例子是顾颉刚先生的"层累地造成的中国古史"说,简称"层累说"。"疑古"不是一个理论,而是一种倾向,一个立场。真正带有概念、工具作用的是"层累说",认为古史是叠加起来的。从最初的传说,到不同的文本,到不断变动的文本叠加起来,越放越大。"层累说"是顾颉刚先生和"古史辨派"最重要的一个观念工具。余英时先生在谈论顾颉刚先生的时候,说他为中国现代史学奠立了最初一块基石。余先生之所以作这种评价,是因为"层累说"是一个最大的观念工具,这个概念的提出,一下子把顾颉刚先生和乾嘉汉学切断了,尽管他的这些理论是受到了崔述的某些启发。所以余英时先生又说,顾颉刚提出这些口号之后,为无数学问开辟了法门、开辟了门径。你看顾颉刚先生周围,只要跟顾颉刚先生亲近的学者全部做出了很好的成绩,原因就在于他有很特殊的门径,只要利用"层累说",研究什么问题都可以。顾先生关于孟姜女等的研究,全部都是"层累说"的引申。2000年我和姜义华先生在上海开会,当时是陈寅恪热最高潮的时候，陈先生可以说如日中天，但我们二人得出一致的结论，认为就学术史上的地位而言，陈先生赶不上顾先生，顾先生实现了中国从传统史学向现代史学的结构性转变，而陈先生没有。这一点我们看得非常清楚，顾先生是一个革命性人物，我们不能说陈先生是个革命性人物，也没有人说陈先生的史学是革命性史学。大家都说顾颉刚搞了个史学革命，这个是没有问题的，其中"层累说"所起的作用难以估量。

其他一些理论，比如进化论。进化论的引入是中国思想史上一次意义重大的革命，严复这一代思想家的作用无法估量。以往中国人认为，中国几千年历史或是循环的，或是倒退的，黄金时代在上古，因而进化论的提出起到了革命性的作用。当然现在进化论也受到了挑战，人们发现很多东西并不是进化的，人的精神、理论、思想、境界并不进化，这个在理论界已经达成了的共识。进化论本身有很多缺陷，有很多问题，人类社会在器具的层面是进化的，但是在精神层面是不是进化的，实在是难说。马克思在他的理论中也谈到这个问题，他质疑艺术史是进化的，他说精神的发展水平一般来说和经济的发展水平是相适应的，但在某些领域和某些部门并不都是这样，比如艺术就不一定是这样。

另外，用现代化理论、现代化模式取代建立在阶级论的基础之上的革命史范式已成为学界主流。原来把1840年以来的历史写成一部革命史，现在可以写成一部不断现代化、不断向西方学习的历史。这一历史写作模式开始于蒋廷黻先生，蒋先生的《中国近代史》非常典型，完全从文化的角度、从向西方学习的角度,即现代化的角度来描述这段历史。过往我们是从阶级、反抗、民族、革命的角度来解释历史。但就目前来看,革命史范式和现代化范式的较量,以现代化范式占上风的局面终结。换言之,尽管革命史仍然是这一段历史中必不可少的成分,但在学界占主流地位的历史书写模式,无疑是现代化范式。

近30年来传入了一个大理论——市民社会理论,商会、商帮、市民社会等概念一段时间之内在史学界产生了很大影响。这一影响虽然很快就消沉下去了,因为中国的社会情况很难用市民社会来解释,但市民社会理论的引入在一段时间之内的确给历史学注入了新的活力。另外张仲礼先生提出一个概念"士绅社会",与费孝通先生一样,他致力于从本土提炼概念,像"士绅"这样一个概念就能解释非常多的东西,这些概念都对历史研究产生很大的作用。

就我而言,一些并非由我提出的概念,也可作为我研究历史的一些遵循。一是我特别强调"战时史学"这个概念,很多东西都能归到战时史学这个范畴之内。为什么强调两大对立阶级,把一切看作是阶级斗争,我认为当代史学因为那是处在战争的特殊年代。"战时史学"这个概念提出之后,我本来应该沿着这个概念继续做,但因为受到人们的质疑,我不想违背潮流,所以从那以后这个概念基本上就没再被进一步使用和深化。但是如果时机适当,"战时史学"这个概念还可以被继续延伸,继续往前探寻,这个概念能够解释很多1949年之前的史学现象。二是我经常使用"泛政治化社会"这个概念。我把从1949年到1979年的中国社会称作泛政治化社会。这个概念的使用给我带来很大方便，它能够解释为什么这一段史学是这个样子，这一时期的史学变迁和泛政治化社会密切相关。三是新史学与新汉学这一对概念。此前，新史学和新汉学这一对概念就已经存在，我专门写了一篇文章《新史学和新汉学》，通过这一对概念来描述20世纪史学的演变线索。可以说，要想描述学术变迁，必须使用概念，要长时段地描述史学变迁，要给这一段史学理出一个脉络来，没有概念不行，没有理论不行。怎么描述20世纪史学史？这么多史学家、文章、著作、杂志，我一个个点评吗？那是写历史吗？就像一堆散钱，我得找个钱串子把它串起来。所以我就使用了新史学、新汉学，史料派、史观派，或者是唯物史观派、史料考订派等概念，这些概念的使用给我带来了极大的方便，能使我最大程度地简化史学的图景，抽出最主要的东西来。

另外还有很多概念，再给大家略作介绍。比如1995年，李泽厚、刘再复他们提出"告别革命论"，一直到现在对整个史学界都影响巨大。一个口号、一个概念的提出，往往像一束光亮，能把黑暗照明。最典型的是李学勤先生的"走出疑古时代"，影响之大，难以想象。李学勤先生此前虽已为大家所知，但能迅速达到如此炙手可热的程度，和"走出疑古时代"概念的提出密切相关。2004年，我受池田知久先生之邀去东京讲学，经常同南开大学哲学系一位刘先生一起散步。我们两个人曾谈起李学勤先生，当时我给他打了个比方，说李学勤先生在这之前写了大量的书，并没有产生如此巨大的影响，但是1992年李先生提出的"走出疑古时代"，就像个探照灯,一下照在一大堆玻璃上,所有的玻璃都熠熠生辉,炫人耳目。他说他明白这个意思了。在"走出疑古时代"这个概念的映照之下,李先生所有的书都展现出别样的意义。在这之前找不到一个东西把他这些书全部贯穿起来,"走出疑古时代"这个概念提出之后,就把李先生所有的书都贯穿起来了。它不但把李先生所有的书都贯穿起来了,而且把所有批评顾颉刚先生的东西都贯穿起来了。

所以我经常说,"层累地造成的中国古史"说这个概念能把顾先生所有的东西都贯穿起来。顾先生在民国年间尽管读书很多,并不意味着当时他的水平最高,但是别人并没有提出一个笼罩古今的概念,叫"层累地造成的中国古史"说,而这样一个概念、这样一个命题、这样一个治学门径的提出,使顾先生在学术史上占据了别人不可替代的地位。

一些史学家在史学界能形成如此巨大的影响,相当程度上来源于他们所使用的理论,来源于他们所运用的概念工具,这是现代史学和传统史学一个非常大的差异。理论有什么作用,作用在哪里,我只能举这些实例。我目前还没能从这些实例中概括出一个系统来,比如把它分门别类,理论能起这个作用、那个作用,目前还达不到这样的程度。今天给大家所讲的都是一些临时性的想法,争取将来把这些想法理论化、系统化,甚至于把它概念化,然后再提供给大家。

作者附记:本文系作者于2017年1月6日上午在山东大学儒学高等研究院2016级中国史专业研究生班上的讲稿,博士生汤莹根据录音进行转换整理,作者对文稿做了最后的订正。

(原载《思想战线》2019年第5期)

历史研究为什么需要"问题意识"

——与青年学生谈治学之二

"没有问题意识"或"问题意识缺乏",可能是我们历史学专业的同学答辩时遇到最多的批评。问题意识的有无或明确与否,也是本人作为期刊编辑衡量一篇论文水准的一个重要尺度。无论是导师指导学生,还是编辑审阅论文,本人都认为"问题意识"的有无及其质量高低是一个非常重要的评价标准。

在《治学术史的两条道路》一文中,本人曾谈到:治学术史,一条道路是以问题为导向,以范式探讨及线索梳理为基本任务;另一条道路是以事实为中心,以材料考辨、定点清理为主要工作。这是两条不同的、迄今为止仍占重要地位的治学路线。所有的历史研究可能皆存在同样的问题,但在这里我仍主要以学术史研究为例来谈这个问题,因为大家的论文选题主要以学术史为主,希望引起同学们的重视与思考。

一、"问题"在历史研究中的地位与作用

往年在给同学们上课的时候,本人经常提醒大家的一件事是:治学术史者,要特别留意"传统学术"与"现代学术"之间的差异。而有无"问题意识",在我看来,是二者之间的重大差异之一。这里可能首先牵扯到历史研究的对象问题。历史研究的对象是什么?当然是历史。是历史中的什么呢?现象、人物、事件、思想、过程还是别的其他东西?在本人看来,最具现代学术色彩的历史研究其实是"问题"研究。

哲学家弗兰西斯·培根曾经说过一句让人印象深刻的话:自然科学家的研究必须要从"质问大自然"中开始。当他说这句话的时候,他所针对的是这样一种对待自然的态度:科学家在自然面前毕恭毕敬地站立着,

笔者在给学生上课

等待着她开口说话,以使科学家把他的理论建立在她所决定赐给他的那些现成东西的基础之上。但当培根说要"质问大自然"的时候,他实际上在主张以下这两样东西:第一,科学家在自然面前必须采取主动,必须明确他究竟想要知道什么,并在自己心里把自己想要的东西以"问题"的形式明确表达出来;第二,他必须找到迫使自然做出答案的手段,设计出各种刑罚,拷问自然,迫使她不再保持缄默!培根就这样以如此一句简短的格言警语一举奠定了实验科学的真确理论①。

上面这一大段话,就出自20世纪80年代特别著名的柯林武德《历史的观念》一书,这一大段话实际上要告诉我们的是:自然科学研究的不应是自然本身,而是科学家对自然所提出的"问题",科学研究始于"问题",没有"问题"就没有近代实验科学,自然科学家向自然提出自己想要知道些什么,然后迫使自然界做出回答,这就是所有的自然科学研究的工作程序。柯林武德在这里当然不是探讨科学哲学问题,他实际上要说明的是史学方法论问题。在他看来,"质问大自然"不仅是自然科学的真确理论,"这也是历史学方法的真确理论",和科学研究始于"问题"一样,提炼"问题"也应是历史学家的工作程序。柯林武德十分厌恶那种"剪刀加糨糊"的历史学,他认为这种历史学只是"以一种简单的接受性的精神来阅读"前人留下的陈述和资料,"找

---

① [英]柯林武德著,何兆武、张文杰译:《历史的观念》,商务印书馆,2009年,第373页。

出他们说过些什么",而"科学的历史学家在自己心灵中带着问题去阅读它们",科学的历史学家则"想要从其中发现什么",于是"他就采取了主动","在拷问它们""要从一段话里公然提炼出某种完全不同的东西来构成对他已经决定要询问的那个问题的答案"。正是在这一认识的驱使之下,柯林武德把历史学家阿克顿的一句话看作是他对所有历史学家的"伟大教诫":"要研究问题,不要研究时代。"这里的"时代"可能是指过程、故事或陈述之类的东西。

如果说"培根的思想革命开辟了近代科学的新时代",那么,在何兆武先生看来,柯林武德在史学领域则掀起了"培根式的革命"。这一"革命"的目的是"要把以往杂乱无章、支离破碎的史学研究改造成为真正能提出明确的问题并给出明确答案的史学"①。而在学术史家们看来,法国"年鉴学派"可以看作是对柯林武德"史学革命"理念的响应和实践。如同大家所知道的,"年鉴学派"的精髓可以用"问题史学"来概括。《当代史学主要趋势》的作者巴勒克拉夫说,在这一学派看来"历史学家的工作最重要的是提出问题",如"年鉴学派"的领袖布洛赫指出:"历史学研究若要顺利开展,第一个必要前提就是提出问题。"并认为,历史学家工作的好坏同提出问题的质量高低有直接关系。而且这一派史家与柯林武德一样,认为历史所研究的东西是历史学家自己所提出的问题:"正是历史学家自己创造了自己的研

---

① [英]柯林武德著,何兆武、张文杰译:《历史的观念》译序,第14页。

究对象。"①

给大家讲上面这些东西,目的只有一个,就是强调"问题"在学术研究中的重要性。这个重要性就是一开始说过的,它的有无,可能是现代学术与传统学术的分水岭,没有"问题"或不以"问题"为导向的学术研究,在"年鉴学派"看来,是没有资格进入现代学术之林的。从认识上大家可能能接受这些看法,但会觉得过于抽象,特别是根据柯林武德的观点提出的:自然科学所研究的不是自然本身,而是科学家所提出的"问题",年鉴学派所主张的"正是历史学家自己创造了自己的研究对象",这些话究竟如何理解呢?下面我举个例子试作说明。

你们一位毕业很久的师兄蒋海升教授,十年前曾出版过一部在圈内产生了一定影响的书——《"西方话语"与"中国历史"之间的张力:以"五朵金花"为重心的探讨》②(下文简称《张力》),这是他当年的博士论文。我为什么以此书作例子呢?因为此文以20世纪50年代史学界的五大论战为素材,这五大论战为:古史分期问题论战、资本主义萌芽问题论战、中国土地所有制形式问题论战、中国农民战争史问题论战和汉民族形成问题论战。大家知道,这五大论战以及由它们所派生出的其他众多论战(如亚细亚生产方式问题论战和中国封建社会为什么长期延续问题论战等),在中

---

① [英]杰弗里·巴勒克拉夫著,杨豫译:《当代史学主要趋势》,上海译文出版社,1987年,第56页。

② 蒋海升:《"西方话语"与"中国历史"之间的张力——以"五朵金花"为重心的探讨》,山东大学出版社,2009年。

国马克思主义历史学发展史上占有重要地位。问题是，中国马克思主义历史学发展史上为何会产生这么多论战？这些论战说明了什么？这就是蒋海升此文所研究的"问题"。他认为，这些论战全部来自"西方话语"与"中国历史"之间的紧张关系，换句话说，是企图把"中国历史"这个"特殊"，套进西方所谓"普遍主义"的世界历史叙事体系的产物。

这篇论文和我们这里所讨论的事情有什么关系吗？有，我正是打算用此文来回答为什么"是历史学家自己创造了自己的研究对象"这样一个问题。有关"五朵金花"的文献可以用"浩如烟海"来形容，认认真真地梳理、研究其中的一朵金花，都不容易。譬如，仅仅探讨"古史分期"问题的专著，比较著名的就有两部，一是林甘泉等先生的《中国古代史分期讨论五十年》，二是张广志先生的《中国古史分期讨论的回顾与反思》，对其他单朵金花的研究在当下也是所在多有。但唯有《张力》一文研究的是有关"五朵金花"的文献中所没有的东西，也是当年这些文献的提供者、创作者所没有意识到的东西，是从这些文献中无法自动推论出的东西。更进一步说，《张力》的作者创造了自己的研究对象："西方话语"是如何一步步参与到对中国古代历史的解释中来及其所引发的与中国历史事实之间的冲突的？这就如同那些自然科学家一样，他们不是研究自然现象本身，而是研究从中提炼出的问题。"西方话语"与中国历史事实之间的关系是如此的重要，不仅关乎所谓"五朵金花"本身，不仅关乎中国古代历史道路，不仅关乎中华文明的5000年演变路线与前景，更关乎当下中国特色哲学社会科学话语体系的建设。

我们看近来翻译过来的"年鉴学派"的众多名作,我们看黄宗智先生的《华北的小农经济与社会变迁》和《长江三角洲小农家庭与乡村发展》,我们看李伯重先生的《江南农业的发展(1620—1850)》和《江南的早期工业化》等,他们所研究的,全部是"自己所创造的研究对象"。我之所以不以这些著作为例来说明"问题"的重要性,是因为大家现在的水平离这些著作太远了,大家无法模仿和效法,远不如身边的例子和熟人的作品更深切著明,更容易接近,大家走出学徒的状态后,完全可以向着这些著作所昭示的道路前进。

二、何谓"问题意识"?

"问题意识"在历史研究中是如此重要,那么,究竟什么是"问题意识"呢?我一直试图做一些理论上的概括,但至今不能如愿。目前只能用这样一个说法:所谓"问题意识"就是焦点意识、重点意识、聚焦意识,或者叫中心意识,即我要把研究聚焦在哪一点上,也就是你的研究的立足点、侧重点、落脚点在哪里?你的关怀何在、指向何在?也就是说,通过现有文献,你究竟想知道什么?

换句话说,所谓问题意识,一定是点而不是面、不是线、不是过程、不是整体。它一定会落在某一个点上,不是落在一个面上,不是落在一个过程上,不是落在一个整体上。甚至可以说,它一定落在本质上,而不是落在现象上。

我先以你们陈峰老师当年的博士论文为例，展开谈一下看法。2005年夏初，陈峰以一篇名为《社会史论战与现代中国史学》的论文获博士学位，后来以《民国史学的转折——中国社会史论战研究（1927—1937）》为名出版了这篇论文①。此篇论文专门研究20世纪30年代前期以《读书杂志》为中心展开的一场关于中国社会发展形态及其性质的论战。关于这场著名的论战或学术事件，陈峰完全可以以"社会史论战研究"为名，也可以"社会史论战始末""社会史论战概论"等题目从事写作。他在上述任何一个题目下研究均无任何问题，因为社会史论战的地位太重大了，这一论战所牵扯到的问题太广泛太复杂了。当时学界对这一论战的研究还很薄弱、很肤浅。换句话说，对社会史论战本身进行研究就是一个很有学术价值的选题。但不知道大家看出来了没有，如果按照上述任何一个选题去做，与陈峰提交答辩的论文相比，其间的差异都非常明显：陈峰的论文是落到一个点上，不是落到一个面上，不是落在一个过程的始末上，这个点就是社会史论战的后果和影响。换句话说，陈峰作这篇论文的关怀不是社会史论战本身，而是社会史论战对整个中国现代史坛格局或结构的影响。

大家知道，社会史论战的一个最大后果，是中国马克思主义历史学的诞生或崛起，是"史观派"的出现，而"史观派"的出现和崛起，则是对五四运动之后中国现代史学方向

---

① 陈峰：《民国史学的转折——中国社会史论战研究（1927—1937）》，山东大学出版社，2010年。

的一个巨大修正和平衡。五四运动之后中国史坛的一个重大事件是"古史论战"的爆发和"古史辨派"的拔地而起。而"古史论战"的中心是"古书"和"古籍"的形成年代及其所载上古史实的真伪，全属"文籍考订学"和"历史考据学"的范畴。从1919年胡适的《中国哲学史大纲》的出版，到1929年开始围绕着郭沫若和陶希圣古史分期的主张所展开的"中国社会史论战"，这十年间的历史学是以"史考"为主流的历史学，"考据学"成为最时尚的学问。这十年，又恰好是中国共产主义运动出现、社会剧烈变动、内外矛盾十分尖锐的十年。而有着"通古今之变"传统的中国历史学这时却游离于中国社会冲突之外，"不知有汉，无论魏晋"？这种状况已引起众多有识之士的不满。以回答现实问题为指向、以"史释"为中心的"史观派"就这样登上历史舞台，这就是"社会史论战"的出现。这是当年梁启超所呼唤的"新史学"的再生，这也是那种"系生民休戚、关国家兴衰"的"通鉴"传统的复活。中国马克思主义历史学的诞生，一下子吸引了整个学界的注意力，五四运动之后所形成的史坛格局于是被打破，与国际史坛同步的"史观派"从此走上了与一度声势浩大的"史料派"并驾齐驱之路，并于1949年后成为史坛主流。陈峰论文的关怀在此，"问题意识"在此！他后来用"民国史学的转折"来命名此文，再准确不过！

为了让大家更加透彻地明白"问题意识"究竟是什么，下面再以大家都熟悉的三位博士生同学的论文开题为例予以说明。

一位同学的论文是《古史辨派与民国史学》。在论文开题报告会上,大家认为这个题目有问题意识。因为它要探讨"古史辨派"在民国史学格局当中的地位,即在民国史学的格局之下来考量"古史辨派"。它落在这样一个焦点上:"古史辨派"这样一个学术流派,它和20世纪20年代民国史坛的整体局面是什么关系。

类似的题目,如果就古史辨谈古史辨,譬如"古史辨派研究",就看不出问题意识来。当然在"古史辨派"之下,可能也会有一些小问题需要探讨,但从"古史辨派"这样的题目来讲,看不到问题意识。我们可以将古史辨运动写得面面俱到,但仍只是对一个学派的研究,至少从题目上看不出这个研究的指向与关怀何在,也就是说,不是以问题为中心来导引思考。要研究"古史辨派",必须要研究有关"古史辨派"评价或者整体判断的核心问题、关键问题。

此前,我曾经给这位同学提出过一个建议,譬如可以研究"今文经学与古史辨派",这样就有问题意识。为什么把今文经学单独拿出来,因为很多人都认为顾颉刚是今文经学派,即他运用了今文经学派的思路来处理上古史的问题。但这一认识是准确的吗,符合顾先生学术思想的实际吗?这就是问题意识。

我曾经给过的另一个建议是"古史辨派与古籍整理",因为"古史辨派"的一大功绩就是在古籍整理上做出了巨大贡献。它辨别出了一些所谓的"伪书",它考证出一些古籍出现的时间,包括它们版本的变化。迄今为止,"古史辨派"在古籍整理上的功绩仍没能被正确地衡量,值得研究。20世纪90年代之后,李学勤先生认为顾颉刚先生在古籍的判断上搞了一批冤假错案，一些原来被认为是伪书的，现在已经得到了出土文献的证实，已被证明不是伪书了。因此，顾颉刚在古籍整理上的业绩如何判断，已成为学界普遍关注的一个问题，而"古史辨派与古籍整理"这个题目恰好要回应这样一个问题。如果从这个角度来做，当然就有了问题意识。

另一位同学的论文是《社会形态转型与土地制度的变迁》。这个题目是我推荐给他的。这位同学是在职攻读学位，由于工作原因，经常与土地问题打交道，他对土地问题特别是近几十年来的土地问题比较熟悉。这个题目有问题意识，要把当代中国特别是近30年来土地制度的变迁放在社会转型的背景下来加以考察。决定土地制度变迁的因素有很多：历史因素、文化因素、革命因素、政策因素等。但是他主要考察土地制度的变迁在多大程度上受制于社会转型，即土地制度在多大程度上依赖于社会制度的转变，而这个问题目前恰好是一个非常重要的问题。

我们今天恰好处在从传统社会向现代社会转型的进程中，社会生活的深处正在发生大的变化，越是到基层看得越清楚。我希望这样一个研究能够反映这样一个问题。我们不要小看当前土地制度的变化，土地制度变化的本身，包括房地产开发、城市的扩张、撤县设区、撤镇设区，会导致土地所有权的变革。我们需要关注和探讨此轮变迁背后的因素。

这篇论文的设计，它的关注点就是社会形态、社会转型和土地制度变迁之间的联系，他关注的是这个"点"，而不只是描述过程。我们不是在关注进程本身，而是关注制约这个进程的核心力量在哪里。这就有了问题意识。

第三位同学的论文是《抗战时期的国学研究——以大后方齐鲁大学为中心的探讨》。这篇文章从题目上看没有问题意识，但它是个专题研究，这种研究也很需要。我甚至愿意提倡更多的人来做这种专题研究，它易于把握，本身又有很大的价值。但可惜的是这类题目正变得越来越少，学术的处女地越来越少。抗战时期的国学研究，对很多人来讲是很陌生的领域，并不像"古史辨派"一样为人所了解，也不像土地制度变迁一样为人所感知。对于那些不需要描述，大家都已经很清楚很熟悉的领域，必须要有问题意识才能使论文有价值。而对那些大家并不十分清楚的素材则可以作为专题来研究，在这样的情况下，并不一定要有问题意识。所以大家在评论这位同学的论文的时候，分歧并不是太大，即使有分歧也是技术上的分歧，即怎么样做才能把这个题目做得更好，而不是关于这个题目本身有无价值的分歧。

总之，对那些相对有陌生感的选题可以进行专题研究，对那些大家相对熟悉的选题则必须强化问题意识。

三、"问题意识"与论文写作

本人认为，不但研究过程需要"问题意识"，论文写作过程也最好由"问题意识"来导引。平铺直叙和问题导引是文章的两种基本写法。前者是朴学式的写法，平铺直叙、按部就班；后者则是剥笋式的，以问题导引的方式来推进，使文章层层深入。由问题导引的论文一般说来会更加引人入胜。为了减少大家的复印负担，下面我以自己谈山东大学文科发展的《学术与意识形态的高度绾合》这篇短文为例加以说明。

这篇论文虽然短小，但代表了一类文章的写法。大家一谈到山东大学的文科便要提及"两次辉煌"，特别是对20世纪50年代这次辉煌津津乐道。历史系"八大金刚"的塑像和中文系"冯陆高萧"的塑像都在校园里，我们平常遇到的、想到的都是所谓的50年代的辉煌留下的痕迹。我这篇短文有三个层次，首先谈了山东大学当时的文史实力并不突出，特别是历史系的实力一般，一个实力一般的历史系为什么能在一段时间之内引领时代风骚？我从文章一开头就提出这个问题。

为什么说山东大学历史系当时实力不足？我谈了两点，一是没有一个一级教授。"八大金刚"当中只有杨向奎先生是二级教授，其余都是三级教授，并且年龄都在四五十岁。二是山东大学历史系的建系时间特别短，1951年才正式建系，而在此之前只在文学院设有一个历史所。然而就是在这样的情况下，在一段时间之内，即便是北大历史系也相形见绌。到我入学时，那些老师还在不无骄傲地谈这个问题。

我的问题就来了，一个实力如此不足的大学或者说历史系，为什么在一段时间之内能够引领时代潮流？我在文章开头提出了这个问题，我接着就要回答这个问题。这主要源于意识形态的作用，也就是说，山东大学、年轻的山东大学历史系、一群年轻的山东大学历史系教师，他们顺应了时代潮流，用在很短的时间之内接受的马克思主义对历史作出的重新解释，发起了几场大讨论。譬如，围绕中国古代史分期问题、中国古代农民战争史问题、中国资本主义萌芽问题、亚细亚生产方式问题等展开论战。而与此同时，北京大学一大批教授在埋头整理材料，《中国近代史资料丛刊》当中好多种都是翦伯赞先生主持编纂的。但那个时代特别提倡用马克思主义指导研究人类历史，山东大学历史系投身于这一潮流并在这个过程当中走在前列，它自然处在"弄潮儿"的地位上。历史系是这样，中文系也是这样。

文章写到这里已经可以告一段落，因为已经回答了一开始所提出的问题，而对我来说问题才刚刚开始。我下面要接着回答另一个问题：在同样的时代背景下，为什么恰好是山东大学走在时代前列，而不是其他大学？把这个问题提出来，问题本身又深了一个层次，就像剥笋一样，再剥一层。

我认为山东大学有两大因素是其他任何大学所不具备的。第一大因素是政治家华岗出任山东大学校长，而其余高校全部是学者办学。中华人民共和国成立之后百废待举，非政治家不能应付！华岗有政治家的胸怀、魄力，所以他能从这个体制当中汲取资源，他把最前沿的政治因素带到山东大学。第二大因素是山东大学和华东大学的合并。华东大学自身带有党校性质，而当时占强势地位的是革命文化，不是学院文化、学府文化，所以华东大学很顺利地介入山东大学当中。这两大因素将当时最革命化的政治因素全面地带到山东大学，政治在山东大学已介入几乎所有院系的微观层面。而通观整个院系调整过程，只有山东大学和一所革命大学进行了合并，其余的院系调整都是在正规大学之间进行的。这就是山东大学之所以能够独占鳌头，在一段时间之内引领潮流的根源。

这篇文章在写法上是一种剥笋式的写法，而这个所谓剥笋式的写法，就是问题导引。我对这种类型的文章带有特殊的偏爱，希望大家课后再揣摩一下此文。大家在学徒的时候非得有一段时间的模仿不行，在写某一种类型论文的时候，必须得有一个范文，就像写大字描红一样。找到心仪的文章和心仪的学者进行模仿，这是一个必经阶段。我在研究生阶段也模仿，我模仿的是两大史学家，一是翦伯赞，一是黎澍，那是我写文章的典范。虽然不一定翦伯赞怎么写我就怎么写，但是我脑子里有这种文章的范文。写文章最害怕的是自视甚高，自己不行，还眼高手低，这样永远成长不起来。所以我给大家提供这个东西，就是让大家参考。

这是我给大家谈的第一个问题：研究上的问题意识和叙事上的问题导引。

四、"问题意识"的来源

"问题意识"源于何处，如何养成？看来也需要我们予以重点探讨，下面谈几点粗浅的看法。

"问题意识"的第一个重要来源是你对现实问题的关注，或对现实需要的回应，进一步来说，你要追溯某一现实问题的来源和渊源。那些最重要的、攸关学术全局的问题全部是时代出题、学者作文。有无问题意识的关键在于我们有没有政治头脑，是不是在思考涉及我们民族、国家、人民命运的问题。20世纪五六十年代的"五朵金花"直到现在还令很多学者念念不忘的一个非常重要的原因是,"五朵金花"全部是时代所提出来的问题。比如古史分期问题,其要害在于讨论中国是否经历过奴隶制社会,而这直接关系到中国这种社会是否适用于马克思提出的五种社会形态说,关系到社会主义制度的选择。虽然这个问题我们今天看来无足轻重,甚至被认为是"假问题",但古史分期问题的讨论在中国学术史上的地位无论怎样评估都不过分。

我在2000年发表过一篇文章——《"假问题"与"真学术":中国社会形态讨论问题的一点思考》,从正面谈到了关于"五朵金花"的讨论。一方面这一探讨在今天看来确实存在过时的问题;另一方面,这些讨论本身又真实地推动了中国学术史的演变。

没有关于古史分期问题的讨论,春秋战国时期的社会变迁不可能被梳理得这般透彻。而有关资本主义萌芽问题的讨论,实际上是在讨论假如没有帝国主义的入侵,中国能不能自发地转入现代社会,其对明清社会经济史的研究、对整个中国社会经济史的研究作用之大难以想象。这场讨论甚至波及整个国际汉学界。无论日本、美国还是欧洲的汉学界,没有一个人否认这场讨论对研究中国历史的意义。汉民族的形成问题,是在呼应多民族国家如何构成一个整体的问题。中国封建土地所有制形式问题和中国封建社会农民战争问题也都直接来源于当时的现实需要。

所以,"五朵金花"论战讨论的所有问题都是时代需要,由"五朵金花"论战所派生的一些其他论战,如中国是不是亚细亚生产方式、中国封建社会为什么长期延续等,也全部源于现实的重大需要。而这些问题在学术史上的意义不容低估。

问题意识的第二个来源是学术使命，也就是来源于某种学术上的使命感。

我写过两篇论文，一篇是《"二十世纪中国史学"是如何被叙述的》，之所以写这篇文章，是因为它攸关历史科学的方向道路。现在的路向是不是健康？问题在哪里？是我所关注的问题。当我们感到历史学的方向道路发生偏差的时候，能否站出来纠偏？这种纠偏不是胡说，需要有大量的证据支持，我把我对当前学术方向、学术道路上的担忧变成了论文的选题。另外一篇是《"80年代"是怎样被"重构"的？》，同样来源于学术上的使命感，同时还有些现实问题上的使命感。20世纪80年代怎么样被重构？我认为和我这一代人关系很大，我觉得我必须至少代表一部分人发表意见，虽然我的意见是以学术的形式出现的，但我这些意见本身来源于现实。我提出一个看法：后人如何看待20世纪80年代关键看我们现在是如何重构的。因为我是亲历者，我们不能让一种错误的意见占主流地位，而让后人把这种占主流地位的错误意见当作20世纪80年代的真实图景。

我的另外一篇文章《语境、政治与历史：义和团运动评价50年》也是如此，这篇文章直到现在仍被一些人欣赏。这些问题为什么渊源于学术使命感？因为没有使命感就不会从这个角度来提出问题，没有这样的问题，就不会写这样的文章。

问题意识的第三个来源是"读书得间"。这是当年梁启超反复强调的，即在读书当中发现的问题。前面谈到的家国情怀、学术使命都不是通过读书发现的，这里特别强调有些问题是从读书的过程中获得的。我的《"红楼梦研究"大批判缘起揭秘——两个"小人物"致函〈文艺报〉的事是否存在?》一文，就是很典型的通过读书发现问题。关于《红楼梦》的那场辩论，到现在还没完全结束，它发生在《文史哲》杂志上，但是我事实上从《文史哲》杂志本身没有得到什么东西。当时读书的时候，一个是我的导师葛懋春先生保留有当年李希凡先生给他的一些信件，我通过阅读那些信件得出一个结论：当年两个小人物致函《文艺报》的事不存在，1954年发表在《文史哲》上的文章是《文史哲》的约稿，不是他走投无路时的投稿。但是只有结论不行，需要拿出切实可靠的证据。于是我用半年的时间将《文艺报》等文献全部翻检一遍。我假设如果这封信存在的话，它应该会怎么样，但是现在所有当年的文献都不见这封信的踪迹。这恰好和我手里掌握的李希凡先生致葛懋春先生的信件吻合。所以我最后得出结论，当年李希凡先生并没有给《文艺报》写过那封所谓的函件，至少《文艺报》的人没有看到过这封信。

这样的问题都是在读书当中获得的，当年梁启超在他的文章中说读书的时候必须"心细如发"，一个字都不能放过，才能发现问题。粗枝大叶、一目十行，什么问题都发现不了。

问题意识的第四个来源是论战的启发。我们的同学如果想培养和训练问题意识，请多看论战文章。在真枪实弹之间，才能看出智慧的火花。在论战期间最能发现对手的漏洞，我们看别人是怎样抓住对手的漏洞然后穷追猛打的。我建议大家作那些重大的、比较严肃的学术论战的看客。我们观察论战双方是怎么样冲锋陷阵的，论战是最足以培养我们的问题意识的。我到现在仍然非常喜欢看论战的文章，我觉得非常有意思，论战能使我们的思维处于活跃状态。

我研究生毕业即发表文章参与当时的历史创造者问题的讨论。我得出一个结论：剥削阶级、地主阶级和资本家阶级也是历史的创造者。我的文章发表后，《人民日报》《人民日报（海外版）》《解放军报》《文汇报》都予以摘要转载。原因在于，直到现在，剥削阶级是历史的创造者仍然是个敏感问题。我提出那个问题是1988年春天，发表在《文史哲》杂志1988年第1期上。

这个问题恰好和我当时关注的现实问题密切相关。研究生一年级的暑假，我去我表弟家，他是当地一个小企业家，在20世纪80年代算是个体户，经营着一个面包房，垄断着半个滕州市的面包市场。我看到十几个面包房的工人都在那忙碌，而我这个表弟在看书。我问他，这些人都忙得要命，你怎么有时间看书呢？他说我在做市场调查，考虑怎么样能使面包的质量、样式得到改进，怎么把面包送到最需要的地方，比如滕州市火车站。多家面包房都在争夺滕州市火车站的面包市场，而只有他在竞争中取胜。同时他在想下一步该怎么做。

这件事对我影响很大。他是个小老板，按以往的说法是属于剥削阶级成员。但能说这个面包房的物质财富的增长和他没有关系吗？当然不能。按照以往的理论，物质财富的增长是工人阶级即无产者创造的，那就意味着拥有工厂的大资本家不创造历史。史玉柱是当时非常有名的一个企业家，他怀揣很少一部分钱去创业，几经起伏做成了一个大的企业。我当时就在想，史玉柱创造这么大的企业，说这个企业和他无关，都是劳动者创造的，这可能吗？

这些现象并没能促使我在理论上作出思考，直到后来我看到黎澍和其他人的论战涉及了这个问题。黎澍先生说他可以把历史一刀劈成两半，一半是剥削阶级的历史，一半是劳动人民的历史，劳动人民创造整个历史的基础，剥削阶级只创造一小部分历史，换句话说，生产的历史和剥削阶级无关。我想这既不符合经验，也不符合马克思的一贯理论，因为马克思在《共产党宣言》当中说得非常清楚，"资产阶级在历史上曾经起过非常革命的作用""资产阶级在它的不到一百年的阶级统治中所创造的生产力，比过去一切世代创造的全部生产力还要多，还要大"[1]。于是我从这里入手，这是我研究生毕业留校后发表的第二篇文章。

像这样一些命题，直接来源于论战，所以大家要想培养问题意识，一定多看论战文献。

第五点，从其他学科"移植"问题。从上大学之前开始，一直到2010年前后，这30多年的时间，所有重要期刊的文章，我几乎心里都有数，不只《历史研究》《中国社会科学》，还包括《哲学研究》《经济研究》《文学评论》《文艺

---

[1]《马克思恩格斯选集》第1卷，人民出版社，2012年，第402、405页。

研究与批评》等。因为我有一个习惯，每一个月一定到现刊阅览室待上一天，带着一个小本子。每一期杂志来了，看看目录，翻一翻，然后把重要的文章记下来，每月如此。所以我编《20世纪中国史学编年》的时候，可以直接找出某个期刊的某篇文章，这篇文章当年有多大影响我心里都有数。

为什么要看其他学科的期刊？因为人文社会科学特别是人文学科，它的问题是共同的。当然有些问题是某个学科单独具备的，但是几乎绝大多数是共有的问题。某个学科已经开始研究某个问题了，而历史学还没有，那我为什么不能开始呢？从我的观察来看，在对学术思潮、社会思潮的感应上，文学界最快，文学类文章我看得也就最多。

我读过的相当一部分文献来自于文学类期刊，我一段时间内最喜爱的是《文学评论》，既有文采，又有思想。其他学科的东西，多数只有思想没有文采。文学界对社会思潮、学术思潮感应最敏捷，比如后现代主义。关于后现代主义的研究在文学界早已开始，而史学界真正开始讨论这个问题，那要到1998年前后，我也曾参与其中。我关注后现代主义问题就来自文学界的启发，所以文学界出现的问题完全可以向历史学界移植，横向移植问题是问题意识的重要来源之一。

所以我希望大家有时间可以看看其他学科的期刊，而不是每天按照关键词在网上搜索。翻开一本期刊，我们可以看见它的学术生态，而靠关键词搜索出来的只是一篇篇孤立的文章。我们有些同学不愿意依赖图书馆，这是巨大的错误。

问题意识的另一个来源是特殊的眼光和视野。这当然需要培养，但从某种程度上说和人的天分悟性有关，此处不论。

总之，从根本上说，问题意识来源于随时随地的思考，即学与思的平衡。孔子说："学而不思则罔，思而不学则殆。"（《论语·为政》）只学不思，只看书不思考，那当然很迷惘，没有方向感，读到的内容也变不成自身的财富。读书只有经过思考，它才能变成自己的东西，融入到血液里。

以上所谈的"问题意识"的几点来源，或是对现实问题的关切，或是学术论战的启发，或是读书的积淀等，总归是来自人类思想的"理性"方面，是需要你去思索、判断、整合的东西。而除了"理性"，人类思想还有"情感"的方面，或者可以这样说，理性与情感共同塑造了人，使人区别于动物，也区别于高智能的机器。我们知道，历史和历史学，乃至一切的人文作品、人文学术都是关于人的，也都是由人所创造的，因此"情感"也应当是理解人文学术的一大关键，也就应当是"问题意识"一个别样但重要的来源。

我这里所谈的情感，绝不是一时情绪的激荡或冲动，而是你的文化、传统、风俗，以及你的时代，你独特的人生经历共同赋予你的情感倾向，比如对生于斯长于斯的乡土家园的热爱，对某些与之特别亲近的人群的同情等。黄宗智在他的《实践与理论：中国社会、经济与法律的历史与现实研究》一书的后记中，就结合自己的经历谈到了"问题意识"的情感来源问题，对本人颇有启发。黄宗智在美国受到正统的西方古典自由主义学术训练，而他的母亲却是一位传统的中国妇女，他也正好生长于中国社会混乱的时代，因此黄宗智始终对普通民众特别是农民抱有很深的情感。对母亲，对普通民众的强烈情感,促使他越来越认同毛泽东时代中国的思想倾向,也直接导致了黄宗智的学术转向,他不再追随自己老师的脚步,试图在中国传统思想中挖掘出西方自由主义的成分,也脱离了对精英思想史的研究。黄宗智对农民的情感使得他深入乡村社会,并广泛收集、分析有关农民真实生活情况的资料,他的《华北的小农经济与社会变迁》《长江三角洲小农家庭与乡村发展》及《超越左右:从实践历史探寻中国农村发展出路》等著作,全都是这么来的,他这些关于乡土社会的"问题意识"的最根本的来源是情感。

情感与理性不同,情感是说不出缘由,无法压抑,但能驱使人前进的。黄宗智自己也说:"正因为其来自内心深处,给予了我学术研究强烈的动力。投入其中之后,发现自己比对之前关于梁启超自由主义思想的研究兴奋得多,觉得学术研究具有无穷的趣味。"[①]从情感中得来的问题是一位学者真正关切的,因此他往往能皓首穷经地进行研究而甘之如饴,这样他的学术道路当然能走得极广而极深远。所以我们说,情感当然也是"问题意识"的一大重要来源。

五、没有"问题"就没有学术的进步

提出问题的能力是一个学者最重要的能力之一,而所有的"问题"均源于思考。我建议同学们平时一边读书,一边

[①] [美]黄宗智:《实践与理论:中国社会、经济与法律的历史与现实研究》,法律出版社,2015年,第675页。

思考，没有思考的读书可以看作无效读书。因为问题意识的养成是一个长期的过程，思考习惯的养成也必须来自长期的训练，一定要设法使自己成为"问题中人"，到了这一步，你离一个成功学人的距离可能就近了。

我自己在读大学期间就思考了很多问题，直到现在我研究的不少问题仍来源于大学期间的思考。比如，那时我看到过一组数字：1949年，我们共产党几百万人中，有95%出身于农民，接近70%的人不认识字。我由此想到，这样一个政党，怎么能够保持工人阶级的性质、马克思主义性质。这个问题困扰了我很长时间，后来写成一篇大学毕业论文：《旧式农民战争遗产与中国新民主主义革命的胜利》。随着对这个问题思考的不断加深、系统化、体系化，我脑子里形成了很多关于农民战争问题、农民问题的看法，甚至我对中华人民共和国成立后一系列论战的看法、对剥削阶级的看法，都和这些问题相关。所以不但要有问题意识，这个问题本身还有一个不断系统化、框架化的过程，我相信大家只要愿意思考，就一定会有收获。

有人问我，假设一辈子没有问题意识，只整理材料，是否也可以做得很好。我觉得这完全没有问题，但是如果想要成为一个优秀的学者，有成就感的学者，而且在学界保持一定的影响力，那没有问题意识便一切免谈。前几天在校学术委员会的一个会议上，一位学者在发言时提出了一种看法，他说在他所在的材料学领域，普通学者在整理材料，一流学者在解决问题。这种划分或许存在一定的问题，但它的确道出了学者之间的差异。从某种程度上讲，我们有理由认为，问题意识的有无决定一个学者成就的大小。

"问题"的有无不但决定一个学者成就的大小，还决定一个时代学界的状况。2004年我发表过一篇文章：《放逐"现实"回避"问题"：90年代学风的致命伤》。年龄跟我相仿的人都清楚，20世纪80年代的学者确实全部都是"问题中人"，全部生活在各种各样的问题之中。到了20世纪90年代以后，问题忽然没有了，大家慢慢都变成了"课题中人"了。忽然之间，问题全部消失了，旧问题无法再继续讨论，新问题没有被提出，大家只好一盘散沙各自为战。要问近30年来的学术进步在哪里，很难估量。它不像古史辨运动、社会史论战、"五朵金花"的学术史意义那样容易概括。而据我的观察，近30年史学界的一大问题，就是学术研究的碎片化、实证化、汉学化，很难归纳它的进步在哪里。

这不是说近30年我们没有进步，进步在于学术界出版的著作越来越多，研究者也越来越多，一些具体问题也研究得越来越深入。但是在知识增长的过程当中，20世纪90年代以来的那个知识链条在哪里？如果一环扣一环，那么这一环很难概括。其中一个最大原因就是没有论战、没有问题，所以我在当年的文章中说，问题缺席是20世纪90年代以来学风的致命伤。当然最近我看情况可能有所好转，但仍然没有根本好转，因为学界没有论战，没有问题，这就不能聚集学者来共同讨论时代的核心问题。所以，春秋战国时期的变化之所以能够得到如此透彻的梳理，就是因为它通过古史分期问题集中了全国的学者来讨论，有问题才能越辩越明。"知出乎争"，没有争没有辩，就不会有学术的进步和知识增长。

这对培养下一代年轻人，危害尤其大，他们在这个没有问题意识的环境中成长，当然也不会有问题意识，更不会养成怀疑的天性和批判的能力。

以上是我关于问题意识的一些思考，归纳概括可能不一定准确，目前学术界尚未出现关于这个问题的专题探讨，我也没有系统、完整地思考过这个问题，这里提出来跟大家共同讨论。

作者附记：本文系作者于2017年1月4日在山东大学儒学高等研究院2016级中国史专业研究生班上的讲稿，博士生汤莹根据录音进行转换整理，作者对文稿作了最后的订正。

（原载《北京师范大学学报》2020年第6期）

人格境界、术业专攻、写作能力与成才

——与青年学生谈治学之三

以往每年给大家上课,都着重讲以下三个问题:一是问题意识,二是理论工具,三是现代学术和传统学术的区别。今年变得比以往任何一年都忙,问题意识和理论的价值、理论的作用这些问题就先不讲了。近来好儿家网站、学术公众号在推送《功力与见识》这篇文章,这是十几年前的作品,现在仍被推送,这说明对有些人还是有作用的,所以那里面涉及的内容也不再正面讲。我临时考虑了上述问题之外和大家治学相关的其他问题,认为这些问题和你们将来的成长发展密切相关,在此与大家交流一下。

一、学术永远是现实关怀的副产品

最近我在好几个场合,以"走出象牙塔,投身新时代"为题做报告。在这些报告里我提出了一个问题:主流学术界应该关照现实,应该直接或间接回答现实所提出的问题。因为所有的现实问题都有一个历史的维度,都有一个过程的侧面,都和过往有某种因果关联,无源之水和无本之木是不存在的。这是我从一开始走向学术史研究以来,包括上大学之前,所抱的一个坚定信念,直到现在。

对现实进行思考,又不直接谈论现实——直接研究现实问题那是社会科学家们的职责,我把这种思考形式命名为"迂回思考"或"溯源思考"。有些同学有很强烈的关怀,这值得鼓励,但是你要用一种特定的学术形式把这个关怀呈现出来,最好不要直接谈现实,因为这不是我们的专长。我怎么反映我的关怀?我得通过一个和我所研究的与现实问题相关的一个历史素材,把我对现实问题的思考投射到对历史问题的思考上,在有限的特定的历史问题上把我的关怀呈现出来,我觉得这是最重要的。譬如说有同学最近在研究梁漱溟的乡村建设,我觉得这就是一个能够寄寓很大现实关怀的课题,因为这一题材与现在乡村振兴战略直接相关。"中国农村向何处去?""中国农民的出路在哪里?"是当下人们所关心的重大问题之一。我和这位同学反复讨论这个问题,要想写好此文,你得把你对农村的思考,对农民未来命运的思考,对农民未来一个历史阶段遭遇的思考,放在梁漱溟乡村建设研究这个特定的题材之上,在这个特定的历史题材上,来呈现你所有的思考。你虽然谈的是梁漱溟,但你关照的是当下中国农村的未来和命运。我觉得这里反映的是学术研究的最大问题。直接谈乡村振兴战略,那不是你的专长!但乡村振兴和所有的当代现象一样,都有着自己不可缺少的历史维度,恰好梁漱溟的邹平实验,和我们今天的乡村发展战略,和我们目前乡土社会治理的走向,和城市化、城镇化、工业化，和农民的最终出路又有直接关系，甚至完全相关。

我认为学术永远是现实关怀的副产品，永远以某种特定的现实政治为基本背景，它实际上是人们呈现现实思考的一个特殊形式。在现实社会当中，在时代政治变迁当中，个人的确是无能为力的，所有的历史演化都是有自己的规则的，有自己特定的步骤，无论投入多少热血和热情都不能改变历史自身的规则，历史永远按照自己的规律演变。历史有自己的轨道，传统在制约现实，过去在制约现在。事实上，我从本科生开始就思考类似这些比较大的问题，我的学士学位论文题目是《旧式农民战争的遗产与中国新民主主义革命的胜利》，是我自拟的。我之所以选择这个学士论文题目，与对中国共产主义运动的思考有关。

我研究生期间研究翦伯赞，也同样如此。我答辩的时候拿出的是《历史主义思潮的历史命运》，因为此一选题与放弃以"阶级斗争为纲"的时代思潮有关，所以当时这个题目很敏感。当时反思阶级斗争理论的文章与中国寻找新历史目标有关，与向现代化重新定向有关，与对外开放向西方学习有关，所以异常敏感。单独思考翦伯赞自身命运、自身得失、自身价值没有意义，而要通过翦伯赞研究来呈现对中国史学进而对中国社会、中国前途的思考。

我们每个人都应该对现实保持某种责任感，某种使命感，我觉得这个是最重要的。我觉得我对现实承担了某种责任，我不赞成我们对现实直接发表意见，但是我赞成你把对现实的思考，对现实政治的思考，通过特定的历史题材的形式呈现出来，把它渗透到里面去，你的文章就有生命、有温度了，你不投入热情、不投入生命，你想写出一个有温度的论文是比较困难的。我个人认为自己和这些大同行小同行最大的差异是：现实问题始终是我关怀的重心，有这个关怀在，谈出来的问题就不一样，选题角度和思考的深度也必不一样。我的看法和纯学术的不一样，和纯现实的也不一样。纯现实的和纯学术的都有各自的角度，我对学术和现实，思想和政治做了一个平衡的处理。我的一些议论之所以被关注，和这种平衡有关。如果是纯学术，就不会被大面积关注，如果是纯粹从现实出发的思考也不会被关注。我们的确要"跳出个人小小的悲欢"，老是沉浸于自己的小问题，永远鸡毛蒜皮，我告诉你，你认为很大，太阳底下没有新鲜事，都很小，你把它看得很大，是没有更大的目标，没有更大的关怀所致。如果现实感可以分层次，可以区分为对现实的关注层次不一样，深度关注、浅度关注和不关注是有比较大的差距的。

二、必须成为某一方面公认的专家，必须获得一个专家的身份

我个人希望也是我反复强调的一点是，我们每个人一定要首先成为某一方面公认的专家，你必须获得一个专家的身份。很多人都在研究这个问题，但因为你是专家，你就有较大的发言权和影响力。所以你必须在一个领域里持续思考和研究，从而获得这个领域的专家身份。

从"乾嘉"以来，中国的学术传统是贵专轻通，这虽然

很不健康，但个人没办法对抗在学界成为主流的学术尺度。顾颉刚先生主持编撰的《当代中国史学》一书，非常鲜明地贯穿了这一学术判断标准。从这本书出版以来，许多专家的身份大体固定下来。譬如说，殷商史和甲骨专家罗振玉、王国维、董若宾、郭沫若、胡厚宣，上古史专家顾颉刚，春秋史专家童书业、战国史专家杨宽，秦汉史专家劳幹，魏晋南北朝史专家陈寅恪，后来又有唐长孺、王仲荦、周一良，隋唐史研究专家陈寅恪、岑仲勉，宋史研究专家聂崇岐、邓广铭，元史专家翁独健，明史专家吴晗，清史专家王仲翰，社会经济史专家郭沫若、陶希圣等。这些都是近几十年来人所共知的著名史学家。

另外，我个人在一些特定的时间节点被一些报纸杂志约稿的经历，似乎也能部分地说明研究专长的重要。2004年，《历史研究》创刊50年，编辑部来人找我，命我写《历史研究》50年的纪念文章；中华人民共和国成立60年，《文史知识》来找我；改革开放40年，《人民日报》来找我，《中华读书报》来找我等，这说明了什么呢？一到这个关口，总要找一个人来谈论这个领域，这说明在学界的这个领域你的研究已经为人所知了。2003年，当《历史研究》派一个朋友来邀我写纪念文章的时候，我没敢立即接受，我认为这应该是当时还在世的胡绳先生、刘大年先生的事。当时主管文科的王琪珑副校长告诉我，从化学领域的情况看，请一个人综述一个学科半个世纪的发展，这是一个很大很荣幸的事情，一般不会随便找一个人做此事。他劝我抓紧时间答应此事，于是我就接受下来。当然，我也认为，关键不是你有机会来写，而是你能否写出深度、写出水平，然后才能让大家都觉得你写最合适，写完之后让人觉得你衬得起。

《功力与见识》这篇文章里面说过这个问题，治学要占领一个山头。当然山头有大有小，山头当然越大越好，但你一定站稳一个山头，这个山头使你获得一个专家的身份。这一点至关重要！所以我和大家说"术业有专攻"，你一定要找一个领域，把这个领域做透。陈垣先生说过，赵俪生先生也强调过一句话"竭泽而渔"，把池塘的水放干净，不仅大鱼要抓住，小鱼也不放过，说的就是在这个领域做一个专家。兴趣广泛的人，一定要懂得学术专家的重要性。在这个领域内深耕细作，开垦属于你的一亩三分地。

我原来的兴趣非常广泛，而且喜欢持续跟踪各种学术走向。我追到世纪末还可以，后来和郭震旦说，你关注全球史和新文化史吧，我精力不够了，在这之前我没有问题。我不仅跟踪关注，还能把跟踪的结果变成概念。光感受不行，你还能把感受变成思想，变成概念，变成学术，这极端重要。譬如2013年11月26日，习近平总书记到访曲阜，我意识到，社会科学高速发展的局面已经告一段落，人文学术正面对一个复兴的局面，传统的强势回归和文化本土化时代的即将到来。这是我自己的感受，于是就有了我最近几年的一系列关注。

我有能力把感受和观察变成学术，变成思想，变成概念，对好多人而言，好像变化就变化了，这个变化在思想学术上昭示了什么，他不知道。这当然需要学术的积累，不是每一个人都能做到的。这就是我给大家强调的，一定要有个专家的身份,一定要有个"专攻"的领域。理工科的很多人告诉我一个普遍的事实,很多学理工的人一辈子吃的就是一篇博士论文,煎着吃,烤着吃,炖着吃,凉拌着吃,做法不一样而已。持续不断的努力和进步,这只是少数人的事。一定做好博士论文,因为读博期间在时间和精力各方面都是最好的时候,也是一生中最好的机会,最佳的机遇,最有利的一个时段,这时要约束自己的兴趣,把你的兴趣和思考集中到一个点上,从而一举获得一个专家的身份。

三、写作能力是一个人能否成才的关键因素之一

必须或者尽早过写作关,是攸关你一生的大事。写作能力是一个人在学术界能否冒头的关键因素之一,而且是最短的途径。实事求是地告诉大家,本人的写作关早在上大学之前就过了。1976年"四人帮"刚一粉碎,本人写的第一篇论文是读《反杜林论》的一个思考,题目是《生产力与共产主义》。前面说过,本人学士学位论文写的《旧式农民战争的遗产与中国新民主主义革命的胜利》,都是正儿八经的题目,不是幼稚的题目,我写《生产力与共产主义》也是很严肃的题目。所有的研究,都必须在一定范围内用来交流和分享,所以,归根到底都有个表达问题,归根结底都要通过写作能力来呈现。在这个问题上,我替很多人惋惜,大学四年没有过写作关,有的硕士阶段也没过写作关,这当然会大大滞后你的成才过程,你的创造力再强,但你表达不出来,你呈现不出来,这就等于没有,而所有的研究和表达,最后都落脚

为一个写作能力问题，分量至少占50%。

我上学的时候，身边不止一个人是"掘井式思维"，他们读书也很用功很用心，思考和钻研得很深，在向下深挖那口井，面很窄，沿着一个点往下掘进，挖得很深，但由于缺乏敷衍成篇的能力，始终写不出文章来。把一点发现和心得敷衍成篇，这是一种极高的能力，你们的陈峰老师在这方面能做到极致。很多研究生缺乏这种敷衍成篇的能力，发表得少，表达不精练，达不到一定的水准，无法打动人。你必须让你的文章让别人看了有印象，甚至留下深刻的印象，再见了你的新文以后，仍留下深刻的印象。《光明日报·史学版》原主编苏双碧先生1996年告诉我："你的文章我们都是要看的。"你要保证你的文章里面始终有东西、有料。最近有个杂志的编辑跟我说："你总是言之有物。"我回答说："是的，本人从不写'言之无物'的东西。"如果我看了一个人的三篇东西都很平庸，这个人的其他文章就不愿再看了。如果看了一篇能打动你，我还会找这个人的其他文章看。这就是写作能力、表达能力和呈现能力的魅力。你不要说文章只是个表达形式，这个形式远比我们想象的要复杂，所以大家一定要注重写作能力。

当然有的人有这个天赋，有的人就是一辈子也过不了这一关，但多读多写是个途径，没有其他途径，熟能生巧。其中当然有个技术方面、技巧方面的问题。但一定要多写，懒人肯定不行。勤抄资料，多做读书笔记，时时积累小的发现和感悟，是练笔的最好方式。

四、必须关注相关学科如文学、哲学、社会学、政治学的动态

做学术一定要眼观六路耳听八方。一定要关注和本学科相关的学术动态，文学、哲学、社会学、政治学、法学，都应该而且必须在我们的视野之内。我个人深受这些学科之惠，其中，特别是文学对我的影响最大，我个人的好几篇文章都是受到文学的启发。文学界有个好处，一篇小说发表，马上就一哄而上，展开跟踪研究，史学界缺乏这个兴趣和能力。我跟踪研究当代学术动态就是跟着文学界学的。为了纪念"文革"结束10周年，1986—1987年文学界发表了一批研究新时期文学的文章，如"新时期十年文学的走向"和"思潮"之类。为什么这么多人写文学的走向，而没有人写史学的走向呢？那我就写写史学的走向吧，所以就有了一篇《新时期十年的历史学评估》，发表在《山东社会科学》。这就是来自文学界的启发，如果没有文学界的启发我想不起来写这篇文章。

为什么会深受文学的启发？因为我喜欢文学和文学研究，也有过当作家的梦想，写过剧本和小说，上大学之前就订阅了许多文学杂志，其中有《人民文学》《诗刊》等。我对《人民文学》上的研究文章很关注。1977年某期《人民文学》上有一篇姚雪垠写的《李自成》第二卷"序言"，读后让我十分震撼，心情久久不能平静。其中有一句话我印象极深：包括李自成在内的所有农民起义领袖都想成为"真命天

子,都想做皇帝,人人如此,代代如此,没有例外"。从此让我对农民起义有了新的看法,对农民问题有了一个新的思考。后来我对《文学评论》《文艺研究》《当代文艺思潮》和《时代的报告》等文学研究杂志格外关注,跟踪阅读,这个习惯一直持续到2000年左右。"文革"结束前我也订了《哲学研究》,也是每期必看的杂志。后来在山东大学图书馆看到了《社会学研究》也有很多很漂亮的文章,于是又跟踪阅读此份杂志。包括《政治学》杂志大家一定要看,政治与历史很近。要八面来风,不要自我封闭,不要光看中国古代史研究,光看近代史研究。要打开自己的视野,开卷有益,我非常相信这一点,关注学界动态会使你的大脑始终保持开放状态。

  人的大脑是一个大的加工厂,你必须源源不断地往里输送原料,它才能源源不断给你输出东西。而且你还要往里输送不同类别的原料,它才能触类旁通,举一反三,每天都保持活跃状态。你老是往里输送同类的东西,它也会产生审美疲劳,是不会高速运转的。

  历史学是一个特别保守的学科,相传很久的行规很多,祖传家法很多,自以为是的偏见比较多,历史学家也都特别自信,比文学研究专家自信得多。认为历史学已经无所不包,可以关上门过日子,就是这种自信的例证之一。

五、从点开始，由点到线，再到面，是所有研究的逻辑程序

所有的研究都要从点开始，然后从点到线到面，我个人认为这是最好的学术研究程序。

所有写得比较好的学位论文，在我看来，大都是从人物入手的。本人的研究起点就开始于翦伯赞，然后做历史主义思潮的研究，最后扩展到对整个当代中国学术思潮的研究，接着再往前往后延伸。所有的研究从点开始，然后到线，到面。现在要写一篇史家研究的论文比较简单，但要一上来就研究一种思潮或者一种现象这不简单，因为这个界限不好把握。选择一个人从事研究比较好，因为材料很集中，如学人"全集""文集"已经出得很多了，材料集中，边界清晰。从学术研究来看也是最恰当的一个选择，因为在这之前你对你的研究对象的把握都很有限，还处在学术积累的开始阶段，从一个点开始相对比较容易，希望大家注意。我觉得现在有的同学从点开始已经做到线了。比如说从研究王鸿一开始，到研究梁漱溟，已经拉成一条线了，甚至已扩展到整个村治运动了。

本人深受这个研究程序带来的所有好处。我的硕士论文以"翦伯赞与当代中国史学界的理论建设"为题，写了12万字，导师看了，说作为硕士论文太大了，建议我围绕"历史主义思潮"来做，于是有了3万多字"翦伯赞与当代中国史学界的历史主义思潮"的硕士论文，当然直到现在，此文也

没有作为一篇完整的论文发表出来。这篇硕士论文的主体部分发表在1987年刚创刊的《史学理论》杂志上。我个人深受这个选题带来的好处，这就是从一个点开始。当然你选这个点的时候一定要选对，换一句话说就像开矿，这个矿址一定要选好，煤层要厚，煤质要好。这个点一定要选好，当时我就已经感觉到翦伯赞的地位、思想、学术所蕴含的面上的很多东西，这里面有挖头。这个点的选择大家一定要慎重，不是随便找个点就能挖出来很多宝贝的。

六、从个别开始，走向一般

前面说到，所有的研究最好从点开始，这个点在学术史上主要指人物，当然也不限于人物，如一部著作、一场论战等也是一个点。这个点从哲学的角度讲就是"个别"。这里我想强调的是，所有的研究都应该从"个别"走向"一般"，从"特殊"走向"普遍"，从"现象"走向"本质"。

有个同学最近告诉我，他正在写一篇瞿秋白接受马克思主义的思维基础的小论文。什么意思呢？他认为瞿秋白有一种认知取向，即认为知识、思想在对现实的研判上是有限度的，和实践相比，是次要的，他认为这是瞿秋白由无政府主义很快转向马克思主义的关键因素。且不说这一认识是否准确，我问他这一研究有什么意义吗？他说对认识瞿秋白有意义。我说，对认识瞿秋白这一代知识分子有意义吗？他说，不知道，没想过。我然后告诉他："从个别到个别没意思，永远走从个别到一般之路，这是所有学术研究的价值所在。"

在我看来，就事论事的研究，不是真正的学术研究，至少不是好的学术研究。一位政治家说过，所有的研究都是一个"去伪存真、由表及里、由此及彼的改造制作过程"，也是一个"从现象到本质"的过程。譬如，五四运动前后的那一代人，所有的人都是一个"个别"，都有独特的价值，这没问题，至于其中的名人就更不用说了。问题是，如果就瞿秋白研究瞿秋白，如果不把瞿秋白当作五四运动后"书生从政"的"典型"，如果不把瞿秋白放弃其他主义接受"马克思主义"当作一代知识分子的选择，而纯粹看作是他个人固有的独特认知取向的结果，这样的研究价值何在呢？因为每个人都是"这一个"，都有自己特殊的人生际遇造成的独特性。难道个人的独特性就这么坚固，能战胜思想潮流、时代风气、历史大势的影响，或不受这些因素的左右？如果不把个人看作是历史的"窗口"和时代的"眼睛"，这种人物研究的价值是需要大打折扣的。

我研究翦伯赞，你研究范文澜，他研究郭沫若，如果这些研究纯就翦伯赞研究翦伯赞，纯就范文澜研究范文澜，纯就郭沫若研究郭沫若，而不是从对这些人的研究走向对整个中国马克思主义历史学这个"一般"的探索，进而走向对整个中国现代学术史这个更为"普遍"问题的把握，我很怀疑这些研究的价值。不错，他们每个人都是一座学术宫殿，每座宫殿里都富丽堂皇，甚至都有曲径通幽之处。但如果不把这些宫殿放在一个宫殿群里去考察去比较，如果不把这些宫殿放在同一种建筑风格、设计流派中去把握和衡量，我们如何能够确定这些单个宫殿在建筑史和建筑群里的地位和特殊价值呢?

七、把学术史置于社会史的脉络中去考察

往届的不止一个同学问过我同一个问题:您的现代学术史研究与其他名家的不同点在哪里?我在此做个集中回答。努力把学术史还原为社会史,可能是我和其他诸家的最大不同。在我看来,"学术史"从来不是"学术"一方单独写就的,而是"学术"与"社会"双边互动共同执笔的。在这个问题上,我觉得一位西方历史学家的认识似乎最为到位。在回答"历史是什么"这一问题时,这位历史学家说,历史"是现在跟过去之间的永无止境的问答交谈",是"过去的事件跟前进中出现的将来的目标之间的对话""是今天的社会跟昨天的社会之间的对话"。因此,"历史学家的著作是多么密切地反映出他所工作于其中的那个社会",以至于可以把他们写的历史看作是"由时间与地点在内的环境塑造成的"。所以,他主张在研究史学之前,应先研究史家,在研究史家之前,应先研究时代与社会环境。如果这些看法没有大错,那么由此而得出的一个结论便是:史学史特别是史学思想史研究的社会学取向不仅是绝对必要的,而且,在理解某些学术史的大关节、大转折时,社会学考察还应处于基础地位。

这里事实上已牵扯到人们普遍关注的学术的"内史"与"外史"之间的关系问题。一段时间内,在占主流地位的唯物史观话语系统内部,将学术史的演化完全看作是消极的、

被动的、次要的、派生的，固然有问题，但在20世纪90年代中期以后，在"重估观念在历史进程中的作用"自由主义思潮的影响下，又将学术史的变迁完全视为主动的、自动的，将"学术"本身看作可以脱离社会与时代因素制约的"自足体"，也有着同样的或同等程度的问题。这里的关键是划清学术史研究中的"外缘理路"与"内在理路"之间的边界与限度。在某种既定学术"典范"确立之后的常态时期，从纯知识的角度所作的内在考察当然是主要的；当新旧"典范"交替、学术方向转折的革命时期，主要从社会学的角度所作的外在考察则应当是十分必要的（不如此不足以说明学术为何向这个而不向那个方向转折），虽然内在考察这时也必不可少（学术无论向这个或那个方向转折，都是有着内在基础的）。

努力将一些学术史上的问题特别是那些关键问题作社会史的处理，是我考察1949年后史学思潮、史学现象的基本作业方式。在社会学视野内，我所关注的主要问题是：社会转型、时代思潮、重大事件、政治冲突、思想论战、历史转折等外在因素，是通过什么渠道和机制内化为史学存在的学术基质的？换言之，史学变迁在多大程度上受制于"制度变迁"？史家通过著述究竟是如何反映他（她）所工作于其中的那个社会的？我们如何才能从史家对遥远社会的描述与评价中，剥离出他（她）所生活于其中的那个社会来？提出这些问题，绝非所谓的"现实关怀"使然，认为非如此不足以透彻地理解与把握史学在20世纪所发生的变迁，是我的信念。"正史"规范的式微，"新史学"的出现，"古史辨派"

的崛起,"史语所"谱系的生成,"唯物史观派"主流地位的奠定,特别是20世纪50年代"五朵金花"的盛开、20世纪80年代和90年代学术风气的嬗替等,均非"内在理路"所能充分说明。20世纪从根本上说不是一个承平的世纪,而是一个从社会到经济、从政治到思想、从文化到学术均与"传统"发生巨大裂变的世纪,是一个各种"主义"与社会理念纷纷登场检验自己魅力的世纪。在这样一个"变也得变,不变也得变"的历史大势面前,特别是在几度出现的"亡国灭种"的威胁面前,民族、阶层和个体生存方式与生存机会的选择,老实说,始终处于积极的地位,包括史学在内的学术转型与发展,在更多的时间内,不能不具有从属的性质。所以,从"外缘理路"来思考与论说20世纪中国史学,至少是有着某种最低限度的历史合理性的。

八、必须要有大关怀、大抱负、大志向、大目标、大境界、大格局、大视野

一定要有大关怀、大抱负、大志向、大目标、大境界、大格局、大视野,这几大是我历年来所一直强调的,结论是,只有做到这些才能产生大动力。你的视野本来很小,抱负本来不大,根本就走不远。我在《齐鲁晚报》发表过一篇文章,其中说:"五四"青年和20世纪80年代的新青年关心的是"问苍茫大地,谁主沉浮"?现在许多人关心的则是"问苍茫大地,我的工作在哪里"?这是完全不一样的两回事。"问苍茫大地,中国向何处去?"这不并意味着我不脚踏

实地，只有少数狂徒，试图希望一步登天。我这里强调的是：你抱负的大小和你动力的强弱是正向关系。学术研究是一项极其艰苦极其寂寞的事业，需要不断激励，所以，激励机制的建立是一个十分重要的问题。但所谓激励机制毕竟是一个外在动力，所谓"变压力为动力"。激励机制是外在的激励，是"他律"而不是"自律"，最大的激励实际上是个人的抱负，跟你的志向有关，跟你的关怀有关，跟你的人生目标有关，跟你的人生境界有关，这是自我激励，也是最大最持久的激励。

所谓大关怀，在本人看来就是对一些超越专业边界的更为普遍价值的认同和追求。我感觉许多杰出医生如遍尝百草的神农一样，无不是具有悲天悯人救死扶伤情怀的伟大的人道主义者，他们对精湛技艺不懈追求的动力，实际上来源于对人类痛苦的感同身受。换句话说，他们的专业动力来源于专业之外。人文学术研究更是如此，我坚信，那些杰出的历史学家、文学家、哲学家、经济学家、法学家无不关心国家民族的命运和前途，无不以国难民瘼为念，"述往事，思来者""通古今之变，究天人之际"是他们的追求，这些专业之外的人生信念在推动他们走上杰出之途。本人看来，信念就是对社会历史的终极追求，学者绝不能成为机会主义的信徒。这就是信念的力量，这就是大关怀的力量。而大关怀必然产生大抱负、大志向、大目标，一个没有大关怀的人绝不会产生远大抱负、远大志向、远大目标。"风声雨声读书声，声声入耳；国事家事天下事，事事关心。"一个听不到这些声音的人，一个对眼下的事变不敏感的人，他怎么能产生远大专业抱负、远大专业志向、远大专业目标呢？他的目标很实在，就是职称晋升；他的志向看得见，就是出人头地；他的抱负摸得着，就是各种"帽子"和"头衔"。所以，我们到处都能看见这样一些人：要什么有什么，就是没有"学问"，就是找不着他的"代表作"和"一亩三分地"。究其原因，就是抱负太小使然。如果"大关怀"产生"大抱负"，那么"大抱负"则必然产生"大境界"和"大格局"。"为天地立心，为生民立命，为往圣继绝学，为万世开太平"，这是什么样的人格境界，这个境界与蝇营狗苟是不相容的，具备或追求这个境界是不会计较个人名利得失的。被视为"中国文化的托命之人"的王国维和陈寅恪，可以说为后代史学家们树立了大境界、大格局的榜样。

九、跟着问题读书，走积极读书之路

学术研究源于读书，但如何读书，学问很大。在我看来，单纯的搜集资料、抄卡片，不是读书，那其实是"实验室"的工作；为"文献综述"做准备而翻书，也属查阅资料的范畴，也不在"读书"的本义之内。读和自己的人格养成、境界品味相关的书，才是真正的读书，能益人神智的书才值得认真去读。

跟着问题读书，非常重要。读书分两种，一是消极读书，二是积极读书。消极读书就是带着任务去硬读和死读。积极读书就是带着问题读书，跟着问题读书。我自己觉得，通过发现问题，通过追求问题来读更多的书，我觉得这是一种积极的读书。当你读书感觉痛苦的时候,一定是没带着问题所致,硬着头皮,不得不读。因为你不感兴趣的读书读了之后也不会有收获,你是不是一个读书的人,很重要。如果你见书不亲,没有如饥似渴之感,纯属折磨,那你就趁早别吃历史研究这碗饭,趁早到其他行当去谋生。前段时间接待了一位老先生,这位先生以"酒仙"著称,在场的学生给这位先生敬酒时,往往皱着眉头陪酒,这位先生训诫说,酒乃五谷之精华,喝酒本是件愉快的事,怎么能如此痛苦呢?我想读书更应该这样。书乃文明之载体,生活之精华,前人智慧之结晶,你竟然皱着眉头去看,没有大旱之望云霓的感觉,这怎么能吃学术这碗饭呢!

十、在片面的深刻和稳妥的表述之间,青年可选前者,成名后应选后者

在"片面的深刻"和"稳妥的表述"之间,我们选择什么?这是青年学者常常碰到的问题,"锋芒毕露"是许多年轻人的风格。但这个风格好不好,值不值得鼓励,确实是个问题。个人体会,青年人走一种"片面深刻"之路,可能有得有失。

本人从20世纪80年代一开始走上学术之路,就感受到了这种选择的痛苦与撕扯。有一位我素所敬重的老师,20世纪50年代初的大学生,从给我们本科上课起,我就经常向他请教问题,来往密切。我留校当老师后,立即介入了当时正在争论的一些问题。每当我写好一篇文章,我就请这位老师

帮我斟酌把关。结果，经过这位老师把关之后的文章，棱角几乎全部被打磨掉了，锐气已不复存在。当时年轻气盛，接过修改稿后，一看哪是自己的风格？犹豫一段时间后，我还是恢复旧观，改了回去。从那以后一直到现在，我再也不请这位先生看稿子了。这样做的结果，当然是我的文章有锐气，能激起波澜，当然也引发争议，有些争议至今并未平息。后来，我和我的这位"学术监护人"聊起旧事时，这位监护人说："我差一点掐死一个叫王学典的人。但你摊上了一个好时代，否则的话不堪设想。"当然我也后悔，后悔自己当时太图思想上的尖锐锋利，理论逻辑上的"彻底"和"一贯"，表达上的痛快淋漓、一泻千里，以至孟浪之处所在多有，给我后来的人生之路平添了不少麻烦，这一切当然与血气方刚、不知道利害关系。

　　这就引出了一个问题：如果追求表述的稳妥，就要面面俱到，抹掉你的锋芒，如果表述畅快一些，就要保留锋芒，保留锋芒的东西一定会给人印象深刻，稳妥的表述永远引不起更多人的注意。我当然不劝大家"走极端"，但我也希望大家的文章能引起更多的关注，因为更多的关注就是更大的激励。当然，一些极端化的表述，自己认为很深刻，但学术界往往说这些观点比较"偏激"。他当然不"偏激"，但他等于什么都没有说。我们是表达得稳妥一点，圆融一点，还是锋芒一点，片面一点，甚至极端一点，过头一点，这是我们始终面临的选择。有时候青年人意识不到，在这个"深刻"的表述之外还有一种比较圆润一点的表述。青年人可能好走所谓"极端"，成名了，为盛名所累，可能会面面俱到一点，锋芒磨得更少一点。今天就谈这些，多数是我个人的体会。希望对大家有所启发和帮助。

作者附记：本文是2019年4月25日给山东大学儒学高等研究院中国史专业博士生、硕士生的一次授课记录，博士生察应坤根据录音转换整理，笔者进行了校阅和修订。

（原载《社会科学论坛》2020年第5期）

走一条宽广的人文学术人才培养之路

2012年9月，山东大学开办"尼山学堂"，招收在校本科生，组成古典学术人才培养实验班，以期按照古典学术自身的特点和发展规律，培养一批学科基础宽厚，能够潜心中国古典学术研究，继承、创新中国古典学术和传统文化，能够"继绝学、铸新知"的拔尖人才。我心目中长期以来形成了一个自认为理想的培养人文学术人才的途径。假如一个学生进入大学后想在人文学术研究方面做出成就，我个人感觉有这样几个成长阶段比较合适。本科学历史，硕士读中文，博士读哲学，然后再选择一个思想史的题目来做论文，我感觉这是一个比较理想的发展过程。我观察了很多学生，凡是基础面比较窄的，一上学就进入一个很狭窄的领域，没有前途。我前天接待了一个家长，这个家长想让孩子学艺术，我找了学校的招生办主任去跟她聊聊，咨询一下意见。这个招生办主任说了一席话，让我印象很深。她不建议家长把孩子送去学艺术，绘画也好，音乐也好，或者声乐器乐也好。

为什么呢，她说给孩子选择自己未来专业的时候，在他还不能自主决定自己命运的时候，你一上来就把他的一生限定在一个很狭窄的范围之内，会导致他将来对自己的人生没有选择余地。你看，现在这个艺考，挤破了门，我从心里感觉非常悲观。学艺术学音乐，严格来说，要有很好的天赋，天赋能占70%，个人努力只能占30%。你没有这个天赋，在孩子还不能自主决定自己命运的时候，家长就根据自己的意愿，替你选择了一个很狭窄的领域，这个领域使你将来在你人生的选择上想回头、翻身，都没有可能，已经没有余地了，你已经错过了人生的最好时机。我给大家谈这个例子是想说，就像我刚才讲的，本科选择学历史，读四年历史，硕士读三年中文，博士读三年哲学，然后选择一个思想史的题目，一个综合性的题目，意思是说，我们必须走宽口径培养人才这样一条道路。

也就是说你的基础越宽厚，人才的成长才会有更大的发展余地和空间。我非常赞赏学校拿出尼山学堂这样一种模式来做实验，做古典学术人才培养的实验。这样一个宽口径的培养人才的办法，完全和国际学术潮流相通。芝加哥大学有个思想史委员会，按理说它是培养思想史研究人才的，但是它有一个学期完全让学生去读莎士比亚，选择几个莎士比亚的戏剧做讲解。在莎士比亚课程讨论当中，教师培养大家对历史的想象力，然后再选择一些古希腊罗马的篇章，像《理想国》之类的，让学生去读，所以思想史那个课程的教学非常广泛。另外大家知道像《共产党宣言》，在美国都是高中生的必读物，所以说这个宽口径的模式很普遍，哈佛大学也是这样。我们从哈佛大学很多人写的回忆录来看，在哈佛大学受到的学术训练，严格讲，既不是历史，也不是哲学，也不是文学，完全是一个综合性的人文学术的模式。这些学校培养出优秀的人才来，绝对不是偶然。所以我个人感觉古典学术实验班这样一个设置，符合人文学术研究的特点。培养中国古典学术人才，我觉得尤其需要这样。大家知道中国的古典学术是不分科的。中文、历史、哲学、政治学、法学、管理学、经济学，这是现代的学科分类概念。现代学科分类，那是西方的产物。中国的经史子集，大家正在学习，那是一个图书分类，不是学问分类，尤其不是学科分类。我经常考虑20世纪的一个比较大的问题，一个什么大的问题呢？大家知道，20世纪最繁盛的一个学科是历史学，不是哲学也不是文学。你看我们这些大家，陈寅恪也好，陈垣也好，傅斯年也好，胡适也好，全部都立足于历史学。

当然在单独的文学学科，在单独的哲学学科，也有一些人才，但是凤毛麟角，如金岳霖先生，为什么会出现这个情况？我认真思考了一下，个人认为这是个发现，就是我们传统的四部分类和现代西方的学术分科，只有一门学科能够对接，那就是历史，其余都不能对接，尤其是不能实现无缝对接。比如说经，像什么呢？经不能像哲学吧？你说《论语》是十三经之一，它能算哲学吗？它是文学吗？它是历史吗？它是伦理学吗？它什么都不是。所以四部分类中只有史这一门能和现代西方、现代学术分类分科实现无缝对接。也就是说，那些历史学者，可以不经过转化，就能够直接进入现代历史学术研究。胡适之是这样，顾颉刚是这样，傅斯年是这样，陈寅恪、陈垣这些人都是这样。这说明什么问题呢？中国的学术、传统学术,是不能按照西方的现代学术分科概念去加以切割的。我们近几十年来一个大的失误,就是我们按照西方传统的学术分类来切割中国的古典学术,至少是文史哲三家来共同切割中国的古典学术。你看儒学,在哲学系叫中国哲学,在历史系叫中国思想史,而儒学的文献部分在中文系叫古典文献学。所以,文史哲三家切割经典是造成几十年来我们古典学术人才特别是国学人才培养后继乏人的一个非常大的问题。

学生一上来就跌到一个非常狭窄的领域内去了。我一直认为像《论语》这样的经典,既是历史的,也是哲学的,还是中文的。前段时间,有一次一个友人送我,我们刚开完新学期工作会议,大家知道教育部刚刚公布了学科排名,其中就有山东大学。这个司机就问我,他说王老师,儒学排名多少?我说儒学在中国不算是一个学科,不是一个学科概念,它是学术领域的一个概念,国学也是这样。就是说在教育部的招生目录当中,没有儒学,也没有国学。现在学术界正在努力,我前段时间也到人民大学参加了全国国学院院长联席会议,这个联席会议的一个主要议点,就是要进一步给教育部建议,把国学列为一级学科,或者是把儒学列为一级学科。这两个概念大体上是重合的。大家来尼山班学习,是非常幸运的。我们能不能满足大家的要求这是另外一回事,但是大家能到这个尼山班来学习我觉得是很幸运的,也说明大家很有眼力。为什么这样说呢?我对中国未来的状况,特别是文化的未来,有一个乐观的估计,有一个乐观的预期。是什么样的预期呢?

我认为中国古典文化、中国古典学术正在面临大复兴的一个黄金时期。中国古典文化，从历史上看，它是个精英文化，是个有闲阶级的文化。毛泽东当年在《中国社会各阶级的分析》当中曾经说过一句话："在中国，只有地主阶级有文化。"这几千年来差不多只有地主阶级有文化。什么意思呢？你要想享受中国的文化，必须得有一定的物质基础，或者说你必须以物质生活的富裕为前提。那些贫下中农成天干活，那些雇工长工们成天干活，他无暇享受中国的传统文化，他无暇享受中国的诗词歌赋，他没有这个机会享受。光学汉字就是一个大问题。汉字是世界上掌握起来最难的一种文字。它不像英语，英语跟发音有关，很自然。汉字的发音一部分是和形声有关，另一部分大家知道就是会意字，它跟发什么音没有关系，刚开始必须凭着记忆去学，光学会汉字就得经过好几年的训练。一个出身贫苦的阶层，在过去，在旧中国，那是不可能的事情。你掌握不了汉字，只是掌握一点加减乘除法，掌握一些口诀，可以供你应付生活，但是你要想达到能享受中国诗词歌赋这样一个水准，那你必须长期脱离生产劳动。也就是说，你必须以物质生活的富裕为前提。中国前段时间好像宣布GDP位居世界第二之类的，那些我们不管，但是我们能看到一点，中国的老百姓正在向小康社会迈进，至少大家不会再为物质生活而发愁，这个阶段有大量的有闲时间产生。有大量的闲暇了，老百姓才能充分享受中国历史所创造的辉煌文化。

这是我现在的估计，大家将来的前途一定是美好的。在20世纪80年代的时候，大家都感觉要全盘西化。我当年也是个全盘西化的坚定鼓吹者，认为中国文化没有多少希望，认为中国文化是个农业文化，而农业文化必将为工业文化所取代，儒学也是这样，所以20世纪80年代像我这一代，几乎全部都是反传统的。我是一个比较典型的。1988年教育部有一个检查组，到山东大学来做调研，我是青年教师的代表之一。调研的时候我就说全盘西化没有什么不好，我这个言论受到批评了。到了20世纪90年代之后，这个思潮在变，这个变当然有多种原因，但是我个人感觉，主要是物质生活逐年在丰富。原来大家没有时间，现在我几乎每天都要看一看李白杜甫的诗，包括陶渊明的诗。他们的诗集在我那里不知道翻烂了几本。我每天都要看一两首，体会一下，我为什么要这样看呢，我是觉得这个世俗社会太污浊了，诱惑太多了。要想保持心灵上的宁静，就非得看一下这个东西，用它来抵制每天对心灵带来的污染和干扰。所以我个人感觉大家能来到这个尼山班里学习，恰好和中国社会发展潮流、思想发展潮流相吻合。也就是说当大家能够学成的时候，也恰好是中国文化达到、进入一个复兴期的时候。这个时候正好给大家提供了一个用武之地。另外，我跟大家交流另一个看法，也是观察了很多青年，观察了很多人的成长道路，有一个基本的想法：就是你个人是你自己塑造的，不是别人塑造的。这是什么意思呢，就是你想成为什么样的人，你最后就会成为什么样的人。

2003年，我们班毕业20年聚会时，我就发现这一现象了。在我们班的同学中，想做学问的做成学问了，想为人民服务的就去基层了，想发财的经商也成功了，最后沉下来的，确实都是没有任何想法的人。有志者事竟成。你没志，谈什么事竟成？所以我希望大家要立大志，要有大抱负、大理想、大关怀。要往大处走，不要往小处走。我经常跟学生说，我们20世纪80年代上学的时候经常重复毛泽东的"问苍茫大地，谁主沉浮？"还有"吾辈不出，如苍生何？"都抱着这个愿望来的。那么现在的学生，就是"问苍茫大地，我的工作在哪里？"从一上学你的志向就很小，你将来怎么能成就大事业呢？你往大处想，往大处走，有大抱负、大关怀、大理想，将来肯定会有理想的工作岗位在等着你。你一上来志向就很小，就像我刚才说的，就是你父母帮你安排，你去学艺术，你一点选择的余地也没有。所以我希望大家趁年轻抓紧读书，不要考虑三年之后四年之后，怎么读研究生的问题，你现在需要考虑的、唯一需要考虑的是读好书。

我在很多场合强调"个人奋斗"这个概念。所以我对现在这些所谓的"拼爹"现象感到非常反感。我认为个人奋斗精神衰退是现在青年一代的一个普遍现象。我认为个人的命运在相当大程度上可以掌握，所以我希望大家不要把改变个人命运的机会寄托在其他方面。寄托在个人奋斗上，这最踏实、最坚实。在"文革"期间，个人社会流动途径很狭窄的时候，个人奋斗仍然能找到一定的出路。何况现在，道路这么宽广，人生的选择这么多，我希望大家一定要读书，要好好读书。所以我希望，尼山班的学生，首先要有中国儒家的那种自强不息的精神，要有点儒者风范，要有点孔子孟子"知其不可而为之"的精神。我希望尼山班的同学要坚定人生信念,这一点我不是政治上的说教,而是觉得从人生道路选择角度来看,学生应该崇尚这样一个理念。

(原载《中华读书报》2013年7月31日)

五

何谓"新文科"?

近一两年来,高等教育领域在下力气推动"新工科""新农科""新医科"和"新文科"建设,并设立了相应的建设领导小组,其中,"新文科"概念的提出尤其敏感,因而特别引人注目。但什么叫"新文科"?与之相对的"旧文科"是什么?新旧之间的差异何在?新文科的特征是什么?这些问题均是当下学界特别是高等教育文科各领域普遍关心但又感觉不易把握的问题,因而亟须一场讨论甚至一场辩论予以解答。笔者也同样关心这些问题,同时由于山东大学校长樊丽明教授担任教育部新文科建设领导小组组长,山东大学从事新文科建设的氛围因而格外浓厚,这就更激发了笔者的思考。在此,笔者先把自己若干不成熟的想法抛将出来,以作引玉之砖,希望得到大家的批评。

一、"新文科"的内涵

中国历史上本没有现代意义上的学科分类,经史子集原为图书分类,虽然也具有稀薄的学科分类意味,但毕竟和现代学科分类有巨大距离。文理工医等现代学科分类从一开始

《新文科理论与实践》创刊号

就移植于西方，完全照搬自西方。不仅大的分类体系如此，小的分类体系如所谓"文科"内部的分类体系也同样如此。所以中国现代学术分类体系、分类框架，无论大小，皆是从无到有一点点取自西方，这是有目共睹的事实。而我们现在所追求的新文科则是在一定程度上能反映、呈现和包含中国经验、中国材料、中国数据的文科。

五四运动前后，我们开始了对欧美人文社会科学体系的第一次大规模移植。中华人民共和国成立之后，我们也曾照搬过苏联的学科分类。改革开放之后，我们向西方敞开了大门。这种移植如同上面所说，对中国传统学术而言，毫无疑问是一场深刻的学术革命，填补了现代学术空白，没有这一引进就没有现代学术，其意义不容低估，但"言必称希腊"

的弊端也如影随形，相伴而来。经过上百年，尤其是近几十年的努力，从欧美移植过来的这些学科本身尽管都是在中国语境下由中国人自己在研究，但是这些学科浓厚的西方气质并未发生根本性的变化。这一点几乎表现在所有哲学社会科学学科上。

这里的关键问题是，我们通过这些具有浓厚西方气质的学科，究竟是想为"欧美"造就人才还是为我们自己造就人才？早在20世纪30年代初，就有人尖锐指出过："中国现在还有许多人不知道中国的政治、经济、社会，以及他们的历史是值得研究的，必须研究的，而且是可以研究的，他们看见英美各国的大学有些什么社会科学的课程，也就照样设立这些课程，我们的大学不是在这里为中国造人才，反在这里为英美法造人才。"著名的"人类学中国化"主张者吴文藻先生当时也明确指出："现在大学生所受的教育，其内容是促进中国欧美化和现代化的，其结果是使我们与本国的传统精神越离越远"，以至"已铸下了历史的中断"。南开大学张伯苓先生甚至提出：我们要办"以中国历史、中国社会为学术背景，以解决中国问题为教育目标的大学"。尽管从20世纪30年代起，中国人文社会科学界就认识到了这一问题，并发起过"学术中国化"运动，但将近一百年过去了，这一状况并未得到根本改变。

鉴于这一教训，在以往学界努力的基础上，2016年5月17日，习近平总书记在哲学社会科学工作座谈会上，发出了构建中国特色哲学社会科学的号召。这样，一个人文社会科学的"中国化"过程终于正式开启。当下的中国文科各领域都面临着从西方化的学科体系向中国特色的学科体系转型这样一个挑战或任务。在笔者看来，所谓新文科和旧文科之间的差异，顺理成章的当然应该是中国特色学科体系和西方化学科体系之间的差异。以中国特色哲学社会科学为核心内容，即在一定程度上反映、呈现和包含中国经验、中国材料、中国数据的文科，当然就是所谓的"新文科"。在这方面，文科各门类毫无疑问都有许多艰巨的工作要做，但像经济学、政治学、法学和管理学这些直接从西方照搬过来的社会科学，在中国特色的锻造方面，面临的任务似乎更重。

二、从"分科治学"走向"科际融合"

新旧文科之间，除了内容上有无中国特色之外，另一点差异，就是旧文科特别强调"分科治学"，而新文科格外追求"学科融合"。从分科治学走向学科交叉，换句话说，从分科治学走向科际融合，甚至走向一些新生的文科门类，这是学科发展下一步要解决的一个方向性问题。而我们所追求的新文科就是那种破除学科壁垒走向各学科"大融合"的文科。

大家知道，分科治学是现在所有学科的基本存在方式，这个方式本身没问题。不分科，我们没办法实现专业化、专门化，而没有专门化和专业化，研究根本无法深入。但问题在于，这种分科治学的学术生产方式是大工业初始时代的产物。大工业初起时特别强调分工，分工才有效益，分工才能提高效率。这就是斯密的《国富论》和马克思的《资本论》，都拿出相当的或者最重要的篇幅谈分工的重要原因。斯密曾举过一个例子：工场手工业时期的制针业，生产一枚扣针，需要十八道工序，分由十八个专门工人操作。如果不分工，单个工人无论多熟练，"绝对不能一日制造二十枚针，说不定一天连一枚针也制造不出来"，而现在，即使只有十个人来承担这十八道工序，"一日也能成针十二磅，以每磅中等针有四千枚计，这十个工人每日可成针四万八千枚，即一人一日可成针四千八百枚"。斯密接着说：分工产生效率这一事实，导致分科治学的出现，他以哲学为例说：哲学研究这时"也像其他各种职业那样，成为某一特定阶级人民的主要业务和专门工作"，而"这种业务或工作，也像其他职业那样，分成了许多部门，每个部门，又各成为一种哲学家的行业。哲学上这种分工，像产业上的分工那样，增进了技巧，并节省了时间。各人擅长各人的特殊工作，不但增加全体的成就，而且大大增进科学的内容"。总之，分科治学是工业革命初起时产业组织范式在学术上的投影。大工业初始时代特别强调分工，这一点投射到科学研究上，就是特别强调分科，特别强调学术上的精细分工。

产业的组织形态左右着科研的组织形态。现在，我们已经进入产业发展史上的信息化时代，更强调学科联合，更强调学科融合、科际融合，乃至现在的新趋势不是"联合""融合""整合"的问题，而是出现了一些全新的带有交叉性质的学科，如物理化学、生物化学、生物物理等。继数学成为各学科的工具之后，物理、化学、生物等基础学科也都已经工具化了。文科中的基础学科如文学、历史、哲学等也正在向工具化转变。为什么现在大家都在不约而同地强调学科交叉？就是大家现在都看到了学科界限或精细分科治学的弊端了，问题的存在已经很严重了。我个人认为，现在的学科分类，文史哲、政经法、数理化、工医农等，已经只具有教育学的意义，不具有学术研究的意义。教育学的意义是什么呢？我考上了大学，我来大学读书，我必须被放到一个专业里边，你学政治，他学经济，另外的人学数学，否则的话你没办法学习，老虎吃天还得找个下牙的地方。但对于科研而言，不是这样。现在的分科已经成为学术进一步发展的障碍、壁垒。将来的学术形态、学术组织形式肯定将发生根本变化，因为信息时代已经到来。伴随着这样一个深刻的变迁，整个科研的组织形态不可能我自岿然不动！现在为什么格外强调团队？就是因为一个人不可能同时通政经法，但组织团队可以解决这个问题。所以跨学科的问题、学科交叉的问题、打通学科壁垒的问题，可以通过团队的形式和规模来实现。文科需不需要团队？完全需要，甚至文科更需要团队。团队将是未来文科科研的主要组织形式，如同分工单干曾是以往文科科研的基本形式一样。

三、"重问题轻学科"的"新文科"

新旧文科之间的第三点差异，我个人认为是新文科更加突出问题，更加强调以问题研究为中心。大家知道，很长一段时间以来，学科建设叫得特别响，堪称轰轰烈烈。但其中一个由来已久的弊端，就是现在的学科建设过于强化学科自身的存在,而忽视了对问题的解决。"重问题轻学科",可能将是新文科的核心追求。

那么,我们衡量学科最常用的标准是什么呢?首先是否是博士点或硕士点,然后是梯队配置,如正副教授多少,年龄结构是否合理,然后是承担了多少国家项目,还有就是在国外A区或者权威期刊上发表多少论文,以上就是我们衡量学科的基本标准。所以大家都在大张旗鼓地搞学科建设。但是学科存在的意义是什么呢?没人问。在笔者看来,学科存在的终极根据是为了解决问题。否则的话学科存在的价值和意义在哪里呢?这是需要我们深入认真思考的一个问题。现在看来,我们的学科建设已经出现了较大偏差。现在的所谓学科建设如同一个外科大夫一样,他成天打磨自己的手术刀,你看我这手术刀多好,多漂亮多精致多豪华多锋利,但他忘了手术刀的存在是为了解除人类的痛苦,是为了救死扶伤。大家知道经济学的存在是为了解决约束条件下效益最大化的问题,经济学在这个方面究竟解决了多少困扰我们的发展问题?法学的存在是为了解决公平正义的实现问题,在这方面,法学又究竟作出了哪些贡献?政治学的存在是研究制度安排与运行问题,在这方面,我们的政治学又有哪些作为呢?总之,最近几十年来,我们过于强调了学科自身的存在,而忽视了对问题的解决。

我个人认为,未来新文科建设的重心就是弱化学科,突出问题。敝人所在的《文史哲》编辑部,于十几年前就提出过一个编辑方针:以问题为平台整合学科,而不是以学科为平台切割问题。譬如说研究乡村社会的转型,或研究一个村落的变迁，这是经济学的问题？还是政治学的问题？抑或是法学的问题、人类学的问题、历史学的问题？什么都不是。反过来说也一样，它什么都是：既是经济学问题，也是政治学问题，也是法学问题，也是人类学问题，也是历史学问题，甚至还是农学问题，是气象学问题等，因此任何一个重大问题的解决都需要多学科的协同。研究现代化问题，对应的是什么学科？研究城镇化问题，对应的是什么学科？研究中国道路，对应的是什么学科？长期以来，我们只强化学科自身的存在，而忽略了学科存在的意义。换句话说，我们忘记了学科设立和存在的初心是什么。分科是为了治学，但治学绝不是为了巩固分科，强化分科，或者搞什么学科建设，而是为了解决问题。所以我个人认为，高校哲学社会科学下一步要突破的瓶颈，就是以问题为平台整合学科，改变当下这种"重学科轻问题"的价值追求。

四、第三次学术大转型与"新文科"

需要在此强调的是，新文科建设任务的提出绝非偶然，绝非某些人的心血来潮，它实际上与当下正在发生的第三次学术大转型密切相关。与中华人民共和国成立以来第三次学术大转型相适应的文科可能就是我们所追求的新文科。

2019年是中华人民共和国成立70周年，中华人民共和国成立70年来，已经经历了两次学术大转型，我们眼下正在经历第三次学术大转型。第一次是用共和国学术来取代民国学术，即用马克思主义和马克思主义中国化的产物毛泽东思想来置换在民国年间占统治地位的胡适的实验主义和自由主义。这次大转型奠定了我们今天文科发展的基础。第二次大转型是改革开放之后，我们用现代化（西方化）的学科体系来取代以阶级论为基础的学科体系。年龄稍微大一点的人都非常清楚，"文革"之后，特别是改革开放之后，学界形成的一个最大共识，也是当时整个中国社会所形成的一个最大共识，就是放弃以阶级斗争为纲。我们在这之前建立在阶级论基础上的学科学术体系，已经被西方化或者是现代化的学科体系所取代，这实际上是近40年来学术发展的一场巨大运动。这场深刻的学术现代化运动，构筑起了一个完备的且能与世界接轨的人文社会科学成熟框架。而我们现在正在经历的所谓第三次学术大转型，就是我上面说的用中国特色哲学社会科学取代从西方直接移植照搬过来的那些学科，我们正处在这个过程的初始时期。我个人认为，未来中国30年的哲学社会科学，主要解决的是我们学科的中国特色问题，改变长期以来学术西方化这样一种趋势、这样一种模式。

五、"新文科"与"新时代"

还应该看到，"新文科"建设任务的提出，与学术界跨入"新时代"密切相关。应该看到，学术界的内外形势，现在均已发生深刻而巨大的变动，不管是否自觉和自愿，当下哲学社会科学的每个学科都在重建与现实的联系，与政治的联系，与意识形态的联系。而在近40年之前，几乎每个学科都在努力去政治化、去意识形态化、去现实化，乃至去理论化，都在追求"学术独立"。而更加强调学以致用，可能将会成为未来新文科的突出特征。

废弃"学以致用"，主张"为学术而学术"，在拒绝了"学术研究为无产阶级政治服务"口号的同时，进而放逐了现实和时代，最后则整体遁入象牙塔中，总之，返回自身向内走是"文革"结束以来，文科发展的一种基本倾向。

这时人们似乎已达成一种共识：在"学术与现实的关系"中，"现实"好像已成为一种有害的因素、负面的因素，因此，必须远离"现实"、回避"时代"，能遁入不食人间烟火的"象牙塔"中最好。这种对所谓"纯学问"的向往在20世纪80年代初可以说已成为一种思潮。但到了20世纪90年代，"现实"才真正成为一种大面积的"瘟疫"，使得许多人躲避唯恐不及。一方面是翻天覆地的社会巨变，另一方面是寂静的远离生活的学院派研究。一段时间内，校园的院墙已经成为许多人精神活动的边界。

学院派的学术研究要不要关照现实？校园的学者要不要有超越专业目标的现实关怀？国家民族的巨大需求要不要关注？这里事实上提出了"学术与现实"的关系、学术与意识形态的关系、学术与政治的关系，这样一个重大知识论问题。这些问题的实质是在整个学术认识的过程中，"现实"等外部因素究竟是否是一种正面的因素？"文革"后一段时间之内，人们普遍认为：为现实而研究学术必定导致歪曲研究对象的真相。许多人可能不知道，没有"现实"就没有任何"学术"，"学术史"演变的最大动力、最活跃最积极最主动的因素不是学术自身而是"外部现实"。史学学术史上有大量事例说明了一点：没有政治意识形态的需要及其对这种需要的满足，就根本不会有所谓的"二十四史"和《资治通鉴》，没有清算"帝国主义血账"的政治信念和现实诉求，也根本就不会有著名的《中国近代史资料丛刊》的编纂。这些都是众所周知的学术史事实。

现在，随着"新时代"的来临，"为学术而学术"的时代看来已趋向终结，与现实、社会、政治、意识形态重新缔结更加紧密的新关系，似乎将攸关每个学科的新生命，也肯定将构成"新文科"最鲜明的特征。

（原载《中华读书报》2020年6月3日）

学术界苦"SCI崇拜"久矣

2020年2月,教育部、科技部联合发文,紧急叫停科技领域已泛滥成灾的SCI论文至上的做法,强力纠正学术评价中的不良导向。这既是对当前突发事件的应激反应,更是对近年来学术界、期刊界相关呼吁的有力回应,这一举动值得赞赏。学术共同体内部的学术评价究竟如何进行,离开了量化指标,是否就会随心所欲,无章可循?答案当然是否定的。学术界对什么样的学术成果是有价值的,其实是有公认的原则和标准的,只不过这些原则和标准外行人难以把握和操作罢了。当然这些标准并非完全不足为外人道也。

一、选题质量高低关乎学术价值大小

著名史学家何炳棣先生说,清华学人有一种傲人的自我期待:不管搞哪一行,绝不做第二等的题目,要做就做"头等大题目",第一流的大学问。研究选题的意义于此可见。我们现在的项目评审一般都将选题价值放在首位,这无疑是正确的。选题处于科研工作的起点,寻找到一个好的选题就意味着成功了一半。填补空白的题目自然不必多说,但这样的题目少之又少。一般说来，研究选题是否具有学术价值，取决于在本学科领域是否具有公认的重要性。以中国近现代学术史为例，有关梁启超、胡适、郭沫若等学术名家的研究就具有重要性，不过，这一方面的研究成果车载斗量，必须从新的角度切入。这当然并不意味着名不见经传的小人物就完全不重要，不值得研究，但关于小人物的研究应当与学术史上的重要现象、重要问题相关联才能凸显其意义。民国学者张荫麟曾就中国通史编纂提出取材的四种标准：新异性的标准、实效的标准、文化价值的标准、现状渊源的标准。这些标准同样可以移用于学术选题。满足一种或几种标准的选题才称得上是优秀的选题。

选题的前沿性、新颖性也非常重要。一个选题应当追踪学科发展的新动向，甚至预示未来学术发展的趋势，具有开拓性和前瞻性。前沿研究往往提出前人所未提出的新问题，涉足尚待开发的处女地。前沿性的题目对学科发展具有较大推动作用，提供新视角，开辟新领域，应用新方法，找到新的增长点，甚至能为后学"开无数新门径""开许多新生路"。前沿性题目常常来自学科交叉地带，由不同学科的碰撞产生火花。如近年来出现的性别史、概念史及新文化史，都属于前沿性研究。相对于传统题目，前沿性题目优势明显，它给人带来耳目一新的感觉，更容易引起研究者和阅读者的兴趣。但学术研究也不能一味趋新求异，随波逐流，新课题也同样必须兼具相当的重要性。传统题目当然也不是完全弃之不顾，置之于新的视角下也有可能转化为前沿性题目。

二、功力与见识含量的多少决定学术分量的厚薄

体现在具体学术成果中研究者的功力与见识的深浅,无疑是判断学术价值高下的另一重要标准。对人文学科而言,论文和专著是两种最基本的呈现形式,因此成为学术评价的主要对象。评判一篇论文或一部专著时,人们往往从两个角度着眼:一是看是否有功力;二是看是否有见识、思想、洞察力,见解是否深刻,是否能揭示现象背后隐藏的事理。

著名历史学家翦伯赞曾提出过史学研究的"三基",即基本理论、基本知识和基本技能。这都属于学术功力。功力体现出一个人在读书治学上所下功夫的深浅。所谓"真积力久则入,学至乎没而后止也""人之于文学也,犹玉之于琢磨也"等,强调的都是学问的积累问题,在某一领域某一方向用功多少的问题。以季羡林先生的糖史研究为例,他十余年里一直关注着"糖"的问题,遨游书海,力求在史料上做到涸泽而渔,其展现的功力令人叹为观止。除了收集材料的能力之外,功力还指对治学工具和相关辅助学科掌握的多少,这是能否在某一领域做出成就的必备条件。当然,功力也指对专业基本典籍的掌握程度。所有成功的学者对本方向的基本典籍无不烂熟于心。为陈寅恪所推重的黄庭坚早就告诫人们"读书欲精不欲博,用心欲纯不欲杂",带有经典性质的书必须融入血液里。绕过基本典籍不读而企图走捷径速成,内行人一眼就能看出破绽。

至于见识,昔贤有言:"才须学也,学贵识也。"说的就

是见识对于学问的重要性。具有深刻、独到的见识才称得上是上乘之作，才能列为优等。论著中必须体现作者的见解和思想。真正有价值的作品，必然闪耀着思想的光芒。目前许多论文中普遍存在有学无识的弊端，通篇只是堆砌材料、转录材料，靠材料膨胀篇幅，用大段引文来注水，通过炫耀表面上的博学来掩饰思想的贫弱。不得不承认，见解越独到、越犀利、越超前，就有可能越难以被大多数人所认可。这是对学术评价者的一种挑战和考验，需要具有能够容忍异见甚至异端的气度和胸怀。

三、能否进入学术史是估量科学研究价值的最终尺度

学术成果是否具有学术史的价值，应该成为学术评价的终极尺度。学术评价必须引入学术史的维度。学术研究通常是一种长线的事业，应当具有长远的眼光，学术评价同样如此。学术评价不能只关注短期效应，而要从整个学术史的长河中进行观察。真正有价值的学术成果必将被写入学术史而为后来者所铭记。所谓具有学术史意义的成果，大致包括两类：一类是具有范式革命的意义，比如胡适的《中国哲学史大纲》、郭沫若的《中国古代社会研究》，"足以转移一时之风气，而示来者以轨则"；一类是具有局部突破意义，或是在某个问题上推翻前人结论提出新的认识，或是通过发现新材料、应用新方法将某一问题的研究推进一步。二者的学术史意义当然不能等量齐观，前者引发学术研究的突变，后者

带来学术研究的渐变。前者通常出自大家手笔，因缘际会而成经典，可遇而不可求；后者来自辛勤耕耘者的常规研究，是经常出现的，也是学术评价中最常见的情形。我们当然不必用衡量经典的标准苛求全部学术成果。

近年来，作为"以质为主"评价标准的代表作制度呼声很高。这里需要强调的是，代表作绝不只是学者个人的代表作，同时更应是本领域、本方向或某一问题研究上的代表作。是不是代表作关键在于其有无学术史的价值。我们现在的评价标准中还有所谓衡量学者学术贡献度的提议。学术贡献度的评判不能只通过横向比较完成，更离不开学术史的标准。其实，早在1932年傅斯年在谈到大学教授资格评定时即已提出，"此学人更有一种重要著作，成为一种不可忽略之贡献者，由此会审定其有大学教授资格"。其中所说的"不可忽略之贡献"，就含有一种学术史价值的意味。

学术界苦"SCI崇拜"久矣。撤掉SCI指挥棒之后，整个学术评价需要重新定向，这关乎着未来中国科学研究和学术发展的方向，关乎着中国在未来科技舞台上以什么姿态参与竞争。这就需要整个学术共同体就此展开充分的讨论，形成新的共识。要而言之，制定一个科学的科研评价体系，决定着21世纪中国的科研事业能否健康有序地向前发展，也决定着能否实现建设名副其实的科研大国、学术强国的宏伟目标。中国的科学研究，又到了一个重要的关口！

（原载《北京日报》2020年7月6日）

六

大学应是世俗社会里的精神圣地

如果要问我什么是大学特别是山东大学里的最有魅力的东西，我会毫不犹豫地把所有的指头都伸向树，尤其是伸向那些法桐树。矗立在新校区南北主干道、老校区东西主干道两旁，以及新校区著名的小树林的那一排排法桐，棵棵独立挺拔、枝繁叶茂、遮天蔽日，它们所释放的那股荫凉之气，多少年来，究竟在多大程度上陶洗了来此修炼的学子们的心灵，我不知道，我只知道我自己曾有过的一点肤浅感受。20世纪80年代前期的每年暑假之后，每当我背着沉重的行囊，下了火车，坐着汽车，从当时叫"保温瓶厂"站的地方下车，又走过一段日头直晒的土路，进入北门之后，那一刻给我的感受永难忘却：突然摆脱了尘世的喧嚣，来到了浓密寂静的山林，汗臭全无，通体透凉。这份感觉可能与那些爬过漫长的征途来到印迦看到圣殿的教徒无异。这引发了我对大学本质的思考。

大学里首先必须有树，而且必须有参天大树，要是有若干棵阅尽人间沧桑的千年古树那就再好不过。我的偏见是，有树才可能有所谓"学问"。老实说，孔府、孔庙、孔林中最具有征服力的、让你感到渺小卑微失掉自尊的是那些由千年古树勾兑成的肃杀静穆的气氛,这种气氛不得不让你屏息静气夹起尾巴。中国的儒学发源于此。传说当年的释迦牟尼就是在树下顿悟成佛的,而佛学至今仍是仅次于儒学的大学问。魏晋时期的刘勰,也是在佛寺的绿荫下写出了《文心雕龙》这一不朽经典。海外学人严耕望著文考"唐人习业山林寺院之风尚",结论为"唐代学成然后出而应试以取仕宦""唐代士人喜居山林,故名山之区并不很寂寥,非如今日士人皆集中都市生活",其中林深树茂的终南山和中条山为"书生渊薮",读书致仕的"终南捷径"即缘起于此。此后中国的学问渊薮在书院,而书院大都是林深树茂之所在,有的就直接建在山林之中,如著名的"紫阳书院""岳麓书院",主持者史称"山长"可能不为无由。康有为主持的带有古代书院性质的布道场所叫"万木草堂",亦非偶然。直至五四运动以后,"学问与树"的传统关系仍在维系。典型如钱穆的《国史大纲》,最初作为讲义即产生在北京太庙的古柏之下,钱说:"余于开学后上课前,必于先一日下午去太庙,太庙侧有参天古柏两百株,散布一大草坪上,景色幽茜,余择一佳处,一藤椅,一小茶几,泡茶一壶,或漫步,或僵卧,发思古之幽情,惟此最相宜,除遇风雨外,一年之内,几于全在太庙古柏荫下,通史全部课程纲要始获写定。"除钱穆的《国史大纲》外,胡适的《说儒》、顾颉刚的《五德终始说下的政治与历史》等震古烁今的雄文均写成于北京近郊的寺庙之内。大学之内何以必须有树?学问为何常产生于树下?端赖树能生静也。"树欲静而风不止"之谓也。做学问必须神游今古、思参天地,也就是必须"致远",而"非宁静无以致远"也！只有"于无声处"，才能听到遥远的"惊雷"之响。因此，作为知识渊薮的大学实质上应该成为浮躁的、喧嚣的、利来利往的现代社会中的深山老林、世外桃源。换句话说，她应该成为一批百无一用的书生能逃世、避世、遁世、息影山林、岩居穴处、招风邀月与造物者游的最后一块"圣地"。

生活在这块"圣地"上的人们实际上是现代社会里的特殊"部落"。这里应该培养五谷不分、韭菜麦苗不分、肩不能担、手不能提篮的"精神贵族"，这里是不食人间烟火的象牙之塔、佛门道观。当整个世俗社会弃传统如敝屣的时候，这里却在收集传统，并精心保存乃至还原传统。你在这里不仅能找到传统，还能与古人对话、与先哲交流、与前贤沟通、与历史接隼。这里唯一尊重的是知识。这里是偏执狂、疯子、精神分裂症患者、强迫观念症患者、愤世嫉俗者、遗世独立者、不通人情世故者、小气鬼、吝啬鬼的"天堂"，只要他有知识。辜鸿铭只有在这里才能受礼遇，王国维只有在这里才能找到饭碗。这里应该是无家可归者之家，精神流浪儿的最后归宿。

作为工业社会里的一块原住民"保留地"，这里的唯一君主应该是学术。在这里，世俗的官位可能被人不拿正眼看，吞噬世俗社会的拜金主义没有市场。这里唯一被崇拜受敬仰的是学问是满腹经纶。肥头胖耳、大腹便便的商人，矜持自尊、凛然不可拂逆的显贵，巧言令色、投机钻营的宵小之徒，在这里应该找不到知音。这里能唤起你对知识的庄严感、神圣感、崇高感。小人在这里应该无地自容，商人在这里应该自愧不如,显贵在这里应该自惭形秽。作为生产保存更新知识的场所,这里制造的不应该是体制的螺丝钉,通用的标准件。这里应该是心理悸动的发源地。这里关心的只是知识如何创新与中转、学术薪火如何传承与流布。

(原载《山东大学报》2001年10月15日)

坚持"学术本位":大学精神的本质

大学一定要以"学"为最高价值,离开了"学",大学也就失去了存在的依据。

大学所承担的使命,历来有这样两点:一是研究学问,二是造就人才。后来,根据变化了的现实,又增加了"服务地方经济社会建设"的功能。但这些无疑都必须通过"学问"。因此,归根结底,大学所承担的最伟大使命是研究"学问",是学术事业的提倡。所以,中国大学的精神之父蔡元培说:"大学者,研究高深学问者也。"[①]

研究高深学问,探索未知领域,攀登智慧高峰,是大学区别于其他教育机构的本质特征。学校的生命在学术,学术是学校生命的源头活水,学校必须以"学"为魂,没有"学问"或"学问"含量不足的大学,只是职业养成所。千方百计造就浓郁的学术氛围,使校园充满浓郁的学院气息、学府气息,使整个大学变成一座学术沙龙,使整个校园真正变成一座使人闻而生敬、望之俨然、即之也温的庄严学术殿堂,

---

① 蔡元培:《就任北京大学校长之演说》,载《蔡元培选集》,中华书局,1959年,第23页。

应是大学建设的基本目标。

一、学术至上

大学校园就像其他任何地方一样,在任何时候,都会并存着意识形态倾向、经济目标的追求、服务地方社会、培养青年学子等多种价值,但只有学术研究才是学校最高的价值,其他的价值均应由学术的价值所派生。因为归根结底,大学是一个学术社团,学术在一个学术社团中具有怎样的价值应该是不言而喻的。相对于其他社会团体、政府机构,大学唯一的本钱、最大的王牌是学术,是知识,是思想,是智慧。学生来此求"学",社会来此咨询,商界来此讨教,官员来此就读,均因此处有"学"可论也。大学无"学"或"学"的色彩淡薄稀疏,大学也就丧失了立足之地。正如蔡元培所说:"大学为纯粹研究学问之机关,不可视为养成资格之所,亦不可视为贩卖知识之所。"[①]"大学并不是贩卖毕业[证]的机关,也不是灌输固定知识的机关,而是研究学理的机关。"[②]提倡学术,探求学理,是大学课题中应有之义。

"学术至上",就是意味着学术的价值要绝对地高于或优先于其他价值目标,这才是"大学"的特别之处。当其他价

[①] 蔡元培:《北大一九一八年开学式演说词》,载《蔡元培全集》第3卷,中华书局,1984年,第191页。

[②] 蔡元培:《北大第二十二年开学式演说词》,载《蔡元培全集》第3卷,中华书局,1984年,第343页。

值目标与学术的价值目标不合或冲突时，宁愿放弃或牺牲其他价值目标，承认只有"学术"才具有终极的性质，其他的都是暂时的，这才是所谓"至上"性的本意。"学术"是学校的生命线，必须千方百计维护这条早已千疮百孔并继续受到各种威胁和挑战的生命线。大学的衙门化，是近几十年来大学的一大悲剧，这一悲剧构成了对学术生命线的最大威胁和挑战；而大学的功利主义化，则是近20年来大学的另一大悲剧，这一悲剧对学术生命线的威胁和挑战，更深刻更致命。在这一双重威胁和挑战的夹击之下，大学精神已垂垂危矣。从目前情形看，如果我们再从"学术"这条生命线上后退半步，这条生命线就会全线崩溃！

学术不仅具有"至上"的性质，还具有"至大"的性质。"大学"之大，除了意味着"学问"之大，也意味着包容的"学说""学派"之多。"大学者'囊括大典，网罗众家'之学府也"[1]，对于各种"学说""学理"与"学派"，大学均应仿世界各大学之通例，循"思想自由"之原则，取"兼容并包"之态度。无论何种"学说"，只要言之成理，持之有故，如未达自然淘汰之程度均应悉听其自由发展[2]。学术是没有国界的，是不分信仰的，是无关肤色的，任何学问都应该是世界性的。在全球化的背景下，我们必须确立学问的世界标准，任何专己守残、闭关锁国、夜郎自大，都是学

---

[1] 蔡元培：《北京大学月刊发刊词》，载《蔡元培选集》，第67页。
[2] 蔡元培：《致"公言报"函并附答林琴南君函》，载《蔡元培选集》，第79页。

问的大敌。学术的本质是开放,大学要发展学术,必须打破形形色色、有形无形的各种围墙——"学说"的围墙、"学理"的围墙、"学派"的围墙,八面来风,动力多元,学术才能大发展。

二、尊重学术的本性

学术是有自己的本性和规则的,要想放手发展学术事业,必须严格遵循学术自身的规律,必须充分尊重学术自身的性质。

强烈的个体色彩,是学术的本性之一。在人类思想文化史上,几乎所有经典都带有强烈的个体性质,从古希腊罗马的哲学家思想家到中国先秦时期的诸子百家,无不如此。近代以来,从康德、黑格尔,到亚当·斯密、马克思、恩格斯,乃至当代欧美的学术名家,仍然如此,而且无不如此。真正的学术、原创性的知识、伟大的思想,是无法同步共享的,是天赋、经历、时代等种种因素因缘凑泊的结果,而这些东西从根本上讲是无法预知无法复制的。所以,某个学者能成为或已成为名家、大师,那是所在学校的幸运,需要倍加珍惜!大师是无法替代的,名家是无法成批造就的,某些空白也是无法填补的,人在学在,人亡学息,是人文学术演化转移的基本规律。自然科学研究可以大兵团作战,社会科学也可以组织团队,但人文学术则与个体性息息相关。

在强调尊重学术本性时,如何处理好学者治学与科研管理之间的矛盾，十分重要。管理者总是喜欢一刀切，喜欢用指标、数据、统计、报表、量化等手段来考核学术。而上述几乎所有考核手段和措施，均违背学术的本性，而且在相当大的程度上损害着学术，乃至摧残着学术。在这里，有必要强调下述几点认识：第一，能力与成果之间是不能画等号的，也就是说，有能力取得某种成果绝不能与最终成果本身画等号。譬如说，现在上上下下以项目多少论英雄，实际上，项目仅仅是能力的标志之一，项目绝不能与已有成果画等号，尤其不能高于已有成果，出水才看两腿泥，货色才是最重要的。项目仅仅是创造成果的条件，不是成果本身！第二，出版物也不等于成果。成果是出版物，但并非所有的出版物都是成果，并非所有的铅字都是学术，只有那些在知识增长中有意义的出版物，只有那些要么有功力、要么有见识的出版物，才是成果，才是学术。所以，出版物的多少，严格地讲，与学术无关。第三，学术业绩与学术水平是不能画等号的。在晋升职称、评聘博导和岗位定级等学术评价活动中，我们常常用业绩评估代替了水平鉴定，更看重的是获奖等级、项目多少、论文篇数、著作若干等，这些充其量只是学术业绩，不是学术本身。应该看到，那些有影响力、有代表性、有地位的学者本身才是最大的成果，学术业绩绝不能与学术声望、学术地位相提并论。声望与地位才是一个学者最根本的标志。一个在各方面都达标、符合种种数量要求、除了学术之外什么都有的学者，有可能是一个没有任何学术声望或声望很差、在学术上没有任何贡献的教授。从血管里流出来的都是血，从水管里流出来的都是水,而任何"一刀切"的简单量化考核,都不足以辨认学术上的"血"与"水"。因此,学术管理尤其必须回到学术的本性上来,应该看到,学术研究的品质和影响力在任何时候都高于名分、高于项目、高于出版物的数量。最后能否进入学术史,才应该是衡量一个学者是否成功及地位高低的最终标尺。

三、倡导以学为荣的校园风气

尊重有学问的人,使有学问的人受到应有的礼遇,是校园区别于官场、商界的本质特征。大学以"学"为基础,以"学"为依托。所以校园理应尊重有学问、有成就的人,校园里不尊重有学问、有成就的教授,或有成就的教授得不到应有的尊重,是校园的悲剧之一。

大学鼓励个人奋斗、成名成家,并尽可能为这种个人奋斗提供足够的平台;学者专心治学,学校应该研究如何为学者造名。学校应该花大力气把既有真才实学又享有一定学术声望的教授包装打造,推向整个学术界——把专业学者打造成学界名人,把学界名人打造成文化名人,把文化名人打造成为社会名人。一个学校拥有的文化名人和社会名人越多,它所受到的尊重就越大,它就越成功。大学尤其要鼓励那种不食人间烟火、超越世俗功利的科学研究和人生态度,要培养和造就一批除学术外什么都不懂的科研人员。中规中矩的人太多,投机取巧的人太多,贪图世俗名利的人太多,是眼下校园自身的主要问题。根本改变这种状况的措施之一,是在学校的上上下下,造成一个"以学为荣"的主流校园风气,并使它成为一种基本的价值导向和价值准则。"学术本位"的本意,大概在此。

(原载《清华大学学报》2012年第6期)

后 记

尽管几十年间老是接到若干师友的私下告诫，但笔者还是改变不了这样一种学术兴趣：追踪当代学术的演变，探索其间的起伏之迹，解释每次变动发生的原因或背景。几乎每隔十年，有时更短，笔者都要总结归纳一番，回顾展望一番。起初是个人兴趣使然，后来则是几家报刊在特定时间节点的约稿。在此，笔者要特别感谢《历史研究》《文史知识》《高校社会科学》和《中华读书报》编辑部，是他们的约稿促成了若干"跟踪"文章的问世，仲伟民、王和、王玮、胡友鸣和吴祝蓉诸位先生则是这些文章的助产士，而在笔者看来，这些文章也只有在作为本人与上述诸位友谊的见证时才有价值。这样的文章始于1988年的《新时期十年的历史学评估》，迄今已积累不少篇什，但自己从未想过要结集成书。敦煌学名家刘进宝兄2022年底向本人邀约书稿，并提出了编选建议，于是才有了这册小书，在此，感谢进宝教授。郭震旦教授具体编选了此书，在读博士生段锦珂校阅了清样，谢谢！

王学典
2023年5月5日